親への小さな恩返し100リスト

ケアマネジャー
田中克典

主婦と生活社

親のこと、ほったらかしにしていませんか？

「父さんは、母さんは、元気にしているかな……」

そんな思いが頭の中をめぐった人は、親とのコミュニケーションが不足しているかもしれません。でも、それって親不孝なのでしょうか？　だとしたら、日本中が親不孝な息子や娘であふれかえることになると私は思います。

とりわけ親元を離れて暮らしている子の世代なら、自分の家庭や仕事のことなど、日々考えなければならないことがたくさんあるはずです。しばらく親と顔を合わせていなかったり、電話で話せていなかったりすることは、決して珍しくはないでしょう。それでも、何かの拍子に「元気にしているかな」と親の身を案じるのは、胸の内に親孝行したいという気持ちがあることの証しに違いありません。

子の世代もミドルエイジの域に差し掛かると、自分自身の体力や気力の衰えを感じ始めるものです。そうなると、自ずと親の健康のことに関心が向き始めますが、親を気に掛けながらも「最近ほったらかしにしているなぁ」と思い至る人は、むしろ多数派と言ってもいいかもしれません。
70代、80代になった親を放っておけるのは、親が元気でいてくれるからです。それは幸せなことです。しかし、放っておいている間にも、確実に親は老いていきます。そこは子の世代が肝に銘じておかなければなりません。

私は40年以上に渡って福祉の仕事に携わり、介護の現場で実務を経験してきました。2000年の介護保険制度の発足と同時にケアマネジャー（介護支援専門員）の資格を取得し、これまで約500人の高齢者と、その家族たちをサポートしてきました。

「親」と「子」の関係はさまざまです。理想的な〝あり方〟は、親子の数だけあるといってもいいでしょう。そして、子の側の〝関わり方〟を難しくしているのが、親の気持ちの二面性です。

たとえば、「年を取っても子の世話にはなりたくない」と話す親はたくさんいます。これは、「下《しも》の世話などを自分の子には望まない」という意味であって、**本音の部分では「自分の子と楽しい時間を一緒に過ごしたい」と、ほとんどの親は望んでい**

ます。ですから、元気なことを理由にほったらかしにされるのは、親にとってはとても寂しいことなのです。

じゃあ、どう関わればいいのだろう？　そう思った人は、親の望みを二つに整理して考えてみてください。「世話になりたくない」というのは、子の〝介助や介護〟に対する考え方です。一方、「一緒に楽しく過ごしたい」というのは、子の〝やさしさや愛情表現〟に対する期待です。

親が幸せな晩年を過ごすことができるかどうかは、子のやさしさや愛情表現に大きく左右されると私は感じています。言い換えれば、**自分を育ててくれた恩人に感謝をしながら、元気で長生きをしてもらうために親を喜ばせるということです**。それが本書で解説する、親への〝恩返し〟でもあります。

「できなかった後悔」をしないために

この本を手に取ってくれた読者のみなさんの中には、「いつかは親孝行したい」と思っている人が多いのではないでしょうか。そんな人にこそ、耳に入れておいてほしい事例があります。

Aさん（40代女性・会社員）は70代の両親の金婚式のプレゼントにと、ハワイ旅行を計画していました。ところが、結婚記念日の半年前に父親の前立腺がんが見つかります。手術はうまく行ったものの、父親は退院して数日後に自宅で転倒し、大腿骨頸部《けいぶ》を骨折。手術をしてリハビリに努めましたが思うように回復せず、父親は自宅に戻ることなく介護施設に入所することになりました。

Aさんのハワイ旅行の計画は残念ながら実現しませんでした。「不運」といってしまえばそれまでですが、「元気なうちに近くの温泉にでも連れて行ってあげればよかった」と悔やんでいたAさんの言葉が私には強く印象に残っています。

福祉と介護の現場に長く身を置いてきた私は、子が親に対して述べる「後悔」の声をこれまでにたくさん耳にしてきました。とりわけ**親が亡くなったとき、「もっと○○してあげればよかった」と振り返る人は大勢います。そして、後悔の念は葬儀・告別式、初七日、四十九日と、日を追うごとに押し寄せてくると話す人が少なくありません**。私自身も3年前に父親を亡くしましたが、「もっとできることがあったかもしれない」と自分の不徳を感じたことが度々ありました。

そういう体験があると、親への恩返しには二つの留意点があることに気付きます。
一つ目は**【理想よりも現実】**。ハワイ旅行のような大きなプレゼントよりも、背伸びをしない等身大の行為――言い換えれば〝小さな心遣い〟を積み重ねることが、結果的には親の幸せな晩年につながるのではないかという気がします。
二つ目は**【タイミング】**。親の老いは確実に進行します。認知症が進行すると別人のように症状が悪化することもあります。Aさんの父親のように、病気やケガなどによって、それまでできていたことが突然できなくなってしまうケースは枚挙にいとまがありません。「思い立ったが吉日」という言葉があるように、親への恩返しは思いついたらできるだけ早く実行することが望ましいと私は考えています。
親への恩返しは、何かを一度やって終わりではありません。繰り返しになりますが、大事なのは小さな心遣いを積み重ねていく〝関わり方〟であり、関わりながら親の老いていく状態を把握し、受け止めることも子の側には必要な心構えです。**いま、自分の親が元気に暮らしているのであれば、「いつか」ではなく、まさに「いま」が恩返しのタイミングといってもいいでしょう**。

では、どんなことから始めたらいいのか？　私のノートには、高齢者が日常で気を付けるべきこと、危険を回避するために家族がやるべきこと、さらには老後の人生を豊かにするために役立つことなど、介護の現場から私自身が学んできた知識や教訓が数えきれないほど書き記されています。その中から、子の世代にとって親への恩返しになるものを選んで整理し、本書では12の章に分けて解説することにしました。

親への恩返しに、何から始めればいいかといった順番はありません。目次を見て、興味が湧いた章から読んでいただいてもいいと思います。そして、〝思い立ったこと〟があったとしたら、それがきっといまの自分に〝できること〟です。

また本書では必要に応じて介護サービスに関する情報も解説していきます。親への恩返しをしながら、介護への基本的な知識を頭に入れておけば、いざ親が要支援や要介護状態になったときに戸惑うこともなくなるはずです。

この本が、読者のみなさんにとって大切な親への恩返しを見つける一助になれたとしたら、著者としてこれ以上の喜びはありません。

田中克典

Contents

実行した項目は各ページの見出し下の できたらチェック にチェックしていきましょう

Chapter 3

帰省時にしてあげると喜ばれること

Chapter 4

思い出を振り返る　新たな思い出を作る

Chapter 5

日常生活を快適に

Chapter 6

健康管理の手助けを

Chapter 7

暑さ、寒さをガマンしがちな年代です

Chapter 12

喜ばれる小さなプレゼント

Chapter

1

巧妙化する詐欺から親の財産を守る

「離れて暮らす親が詐欺に遭ったらどうしよう」と心配する声をよく耳にします。警察庁や自治体が注意喚起しているにもかかわらず、詐欺被害は一向に減る兆《きざ》しが見えません。警察庁の発表によると、振り込め詐欺など特殊詐欺の認知件数は、令和５年の１年間で１万９０３８件、被害額は４５３億円にのぼり、３年連続で増加しています。

特殊詐欺被害者の約78％を占めるのが、65歳以上の高齢者です。高齢の親は、まさに詐欺のターゲットになる危険性が高いのです。**そんな魔の手から親を守ることは、幼い頃にさまざまな危険から守ってくれた親への大きな恩返しといえます**。

特殊詐欺は、非常に巧妙化しています。たとえば「国勢調査」を装って、家族構成や資産などの個人情報を聞き出す。行政や警察など公的機関を名乗って接触してくる。最近では、ＳＮＳでのニセ広告で誘導し、著名人になりすましたフェイク動画で投資を呼びかけ、お金を振り込ませる詐欺が話題になりました。

巧妙化する詐欺から親を守るうえで大切なのが、まず親の認知能力が低下していないかどうかを把握することです。認知能力＝記憶力と思いがちですが、記憶力だけでなく、判断力、注意力、理解力、危険を察知する能力などいろんな要素があり、年をとると、これらが全般的に低下します。いくら親が「私は大丈夫。ダマされない」と言ったとしても、認知能力は確実に衰えていきます。子にとって親の衰えを感じることはツラいものですが、老化は自然の摂理。それを受け入れましょう。

一方で、何歳になっても投資などのお金儲けに興味がある人もいますし、異性への関心は老いてもなくならず、恋が芽生えるケースもあります。そういうときめきや恋への期待感につけこむ悪徳商法も横行しています。イケメンの好青年が営業に訪れ、「腰の痛みが消えて、よく眠れますよ」という口車に母親がのせられて、高額なふとん一式をローンで買わされた、といったケースは珍しくありません。さらに怖いのがロマンス詐欺。主にSNSやマッチングアプリが入口となり、恋心を巧みに利用して、次々にお金を支払わせる。高齢の男性が若い美女にころっとダマされるのが典型例です。

親の認知能力や興味に子が無関心でいては、世にはびこる詐欺から親を守ることはできません。そのためにも日頃から親とコミュニケーションをとり、親が子どもに何でも相談できる関係を築いておくことが大切です。

では、どうやって親を守ればいいのか、具体的な対策についてお伝えしましょう。

001

実家の固定電話を防犯機能付き電話に交換

詐欺の入口として利用されやすいのが固定電話。対策の基本は、在宅していても留守録に設定しておき、相手の声を確認してから受話器をとることです。最近は防犯機能付き電話が普及しているので、親の家の固定電話をこのタイプに交換するのがおすすめです。

できたら
チェック

私がケアマネジャーとして関わっているお宅では、みなさん防犯機能付き電話を使っています。機能を簡単に説明すると、登録してある番号以外から電話がかかってきても呼び出し音が鳴らず、相手に「この電話は防犯のため録音されています～お名前をおっしゃってください」といったメッセージが流れます。

犯罪者は声の証拠を残したくないので、メッセージを残すことなく、すぐに切ってしまうでしょう。また、番号非通知からの電話を着信拒否に設定しておくこともできます。

もし、うっかり電話をとってしまった場合、通話中に「借金」「示談金」「還付金」などお金の話や「逮捕」という言葉が出たら、「電話を切ってね」と親に念押ししておきましょう。

なお、防犯機能付き電話は有名メーカーの製品でも1万円台で購入できますが、防犯対策録音機の無料レンタルを行っている自治体も多くあります。まずは役所の防犯担当に問い合わせてみてください。

002

電話の際の本人確認の合言葉を決めておく

できたらチェック

古典的な詐欺ともいえる〝オレオレ詐欺〟も、最近では事前に家族構成をリサーチして電話をかけてきたり、地元の方言で話して信用させたりするなど手口が進化しており、被害者は後を絶ちません。

「息子の声ぐらい判別できる」と自信を持つ親は多いでしょうが、突然、「集金した1千万円を入れたバッグを落とした……」などと震える声で窮状を訴えてきたら、たいていの親は動揺してしまうもの。冷静に判断できなくなるのです。そこで引っかからないために、親に次の質問をしてもらいましょう。「オレだけど」と電話があったら、**「名前は？」**、正しく答えても怪しさを覚える場合は**「生年月日は？」**。答えられない犯人はこの時点で諦めて電話を切ります。

また、親子でしか知り得ない合言葉を決めておくといいでしょう。たとえば**「近所のおいしい店は？」**「中華の○○園」、**「家族でよく行く温泉は？」**「××温泉」など。ときどき親子で模擬練習をしておけば、いざというとき、親はあわてずに対応できるでしょう。

003

「録画」「自動応答」機能付きのインターホンに換える

公的機関や警察を名乗って、キャッシュカードの提示を求める。「無料で家を点検します」と高額なリフォーム代を請求。「貴金属を高価で買い取ります」と言いながら二足三文の値をつける。こうした**訪問型の詐欺や悪徳商法に引っかからないためには、家に入れないことが一番**。相手はいったん玄関に入ってしまうと居座るので、高齢の親は怖くて、言いなりになりがちです。

インターホンは「録画機能付き」を取り付けるのがおすすめ。来訪者が呼び出し音を鳴らしたら、**「お名前とご用件を」**と音声が流れる機能が付いたものが、より安心です。犯罪者は、自分の画像や音声が記録されるのを嫌うので、撃退効果は高いでしょう。また、最近は宅配業者を装って強盗に入る事件もあります。荷物を直接受け取らず、置き配や宅配ボックスに入れてもらうなどの対策を。

もしも親が悪徳業者と契約してしまったら、8日以内であればクーリングオフできます。その手続きをしてあげることも恩返しといえるでしょう。

できたらチェック

004

「投資詐欺」を防ぐためにメールとWeb履歴をチェック

できたらチェック

金融業者などを名乗る相手から、「元本保証」「高利回り」「必ず儲かる」と言葉巧みに投資を勧められ、お金を渡したものの、元本の大半が戻ってこず、担当者と連絡がとれなくなった——こういった投資詐欺に狙われた人の65%が60代以上というデータがあります。

投資詐欺に引っかかるのは、老後の生活資金への不安が背景にあると感じます。人間、死ぬまでお金が必要ですから、気にせざるをえないのです。

誤解しないでほしいのは、親が投資をすること自体は個人の選択であり、決して悪いことではなく、否定するものではありません。

ただ、**老後資金への不安を持ち、判断力が鈍ってきた高齢者は、詐欺師の標的になりやすいのも事実。**彼らは、今後に高値がつく「未公開株」、将来、経済成長する「外国通貨」、「自然エネルギー」の権利、といったもっともらしいキーワードを用いて投資に誘導します。

子どもが親のためにできる対策としては、普段の会話のなかで「お父さん、テレビで話題になっているけど、こんな勧誘なかった？　必ず儲かる投資なんて、ないからね」と探りを入れてみる。親が投資をしているとわかったら、念のため、投資先の業者の信用性や、金融庁に金融商品の登録をしているかなどを調べましょう。

最近はＳＮＳでの投資広告が詐欺の入口になり、取引もネットで行なわれます。帰省のときにでも、「怪しいメールや広告が来ていない？　チェックしてあげるよ」とスマホやパソコンのメールやＷｅｂ履歴を調べましょう。その際に、フィッシングメールは迷惑フォルダに移動するよう設定しておく。前述のロマンス詐欺も、ＬＩＮＥやＳＮＳをチェックすれば怪しい人物を発見できるでしょう。

こうした親との会話やリサーチを通して、親のお金に対する不安や関心、行動を知り、理解してあげることは、恩返しになります。

万が一、詐欺に遭っていたとわかったならば、できるだけ早く、傷が浅いうちに対処しましょう。

005

「防犯カメラ作動中」のシールを玄関に貼る

できたらチェック

親が一戸建てに住んでいる場合、詐欺や悪質な訪問販売、強盗の侵入を防ぐためには防犯カメラを設置するのがおすすめ。実際に取り付けるのが理想ですが、「防犯カメラ作動中」のステッカーを門扉《もんぴ》や玄関口に貼るだけでも一定の犯罪抑止効果は得られます。ステッカーはホームセンターや100円ショップでも手に入ります。

特に犯罪者に狙われやすいのが、一人暮らしの高齢の女性です。母親だけで暮らしている場合、〝独居〟と気付かれない工夫を。表札は名字のみか、亡くなった父親など男性の名前を連名で入れる。あるいは、家族全員の名を記した表札があれば、それを使うのもいいでしょう。

玄関口に会社名のプレートを貼るのも一案。私が担当したあるお宅では、息子がかつて起業し、会社の所在地を実家にしていたのですが、廃業後もプレートはそのままに。おかげで悪質な訪問販売が訪れることは一切なかったそうです。

ステッカー、表札、プレートだけでも親を守る一助になります。

Chapter

2

認知症を引き起こす転倒・骨折の防止

親の世代にとって、もっとも身近に潜む危険は「転倒」だと思ってください。厚生労働省の『国民生活基礎調査』（2022年）によると、介護が必要になった原因の1位は「認知症」（16.6%）、2位が「脳血管疾患（脳卒中など）」（16.1%）、そして3位に「骨折・転倒」（13.9%）が挙がっています。

加齢による身体機能の低下は避けられません。足腰が弱り始めると、歩行が〝すり足〟になっていき、段差や障害物につまずくリスクが高まります。しかし、そういった体の動きの変化（=衰え）を、本人はなかなか自覚しにくいものです。以前に比べて親の足の運びが鈍くなっていたら、子が真っ先に気付いてあげてほしいと思います。

転倒すると、とりわけ女性の高齢者は骨密度の低下も重なって、骨を折る大きなケガにつながることが多々あります。骨折して介護が必要になると、生活は一変します。それまで自分一人でできていたことができなくなるため、行動範囲が狭まり、交友関係も限定的になってしまいます。その結果として認知症の症状が顕著になったケースを、私はたくさん目にしてきました。

ところで、高齢者はどういう場面で転ぶのか、想像したことはありますか？**意外に思われるかもしれませんが、一番多い転倒場所は、リビングや風呂場、あるいは庭といった「自宅」なのです。**自宅に帰ってくるとホッとするという感覚は、若い人でも持ち合わせていると思いますが、家の中というのは「安心できる場所」です。しかし、その安心感が裏目に出てしまい、わずかな段差やちょっとした障害物などにつまずいて転んでしまうわけです。つまり、高齢の親にとって転倒は、日常の生活動作の中で頻繁に起こり得る〝まさか〟の瞬間なのです。

転倒の危険から親を守ることは、子に

とって非常に大きな恩返しになると私は感じています。転倒防止の方法はたくさんあります。それらをこの章で紹介していきますが、**大事なのは早めに手を打つということ。〝転ばぬ先の杖〟という諺《ことわざ》の通りで、親が転倒してしまってからでは遅いと思ってください。**たとえば滑り止めマットのようにホームセンターなどで扱っている商品は、家の中の危険な場所に気付いたその日に買いに行くくらいの気構えでいたほうがいいと思います。

目に見える対策ではありませんが、親に「転ばないように気を付けてね」という注意喚起の言葉を掛けることも大切です。また、転ばなかったことを評価してあげる言葉も親の心に響きます。離れて暮らしていて、週に一度、電話で安否を確認しているような親子関係であれば、無事な親に対して「この一週間も転ばなくてよかったね」と喜んであげることで、親も「気を付けなきゃ」という意識を持つようになるはずです。

006

電源コードをカバーで固定してつまずかないように

できたらチェック

自分が通る道の前をヘビが横切っていたら？　ヘビにつまずいて転ぶ人はいませんよね。ヘビなら反射的に「危ない！」という意識が働くからです。しかし、通常は危なくないものであれば、それが足元にあってもなかなか注意は向けられません。リビングなどの床を伝っている電化製品の電源コードはその最たるものです。**親の生活動線（日常の通り道）上をしっかりチェックしてみてください。普段から電源コードをまたいだり、踏んだりしていませんか？**

部屋で使う電化製品の電源コードは、壁際を這わせるなどして、動線上から遠ざけます。それが難しければ、つま先が引っかからないように固定してください。コードを束ねたり、床に固定したりするケーブルカバーやモールは、ホームセンターなどで1000円前後で売っています。最近はコードレスの電化製品も増えてきました。置き場所を移動することもある小型の冷風機や暖房機などは、新規購入や買い換えのときにコードレス商品を選ぶのも賢い恩返しになります。

007

じゅうたんやカーペットのめくれを固定する

できたらチェック

ケアマネジャーという仕事柄、私は介護サービスを受ける高齢者の自宅を定期的に訪問しています。その際、いやがおうでも気になるのが部屋に敷かれているじゅうたんやカーペットのめくれです。敷物のめくれに足を取られて転倒する事故は、頻繁に高齢者の家の中で起きています。敷物のめくれ対策には、裏側に貼るズレ防止のシートなども市販されています。でも、それだけで十分ではありません。長い鋲《ピン》や強力な両面テープなどで、しっかり固定する必要があります。

忘れがちなのは、玄関、キッチン、トイレ、脱衣所などに敷く小さなマットです。これらもめくれたり滑ったりするので、同様に両面テープなどで固定しましょう。

また、リビングや和室ではクッションや座布団もつまずく原因になります。もっといえば、**床に置いた新聞や雑誌に足を乗せて滑って転倒する高齢者もいます**。障害物となるものは親の生活動線上に置かない、置いても置きっぱなしにしないことを習慣にしてください。

008

つまずきそうな段差などに蓄光テープを貼る

屋内で高齢者が小さな段差につまずく原因は、足腰が弱ったことと同時に、視力の衰えによって足元が見えにくいことも考えられます。「ここの敷居に気を付けて」「ここから坂になっているよ」といった親への注意喚起は、危ない部分に蛍光テープを貼って〝見える化〟しましょう。照明が消えると暗くなる場所の段差には、日中の明かりを蓄えて暗闇で光る蓄光テープを。少し値段は高くなりますが、高輝度タイプなら消灯してから6時間以上光り続けます。

廊下や階段、寝室などには、常夜灯を設置している住宅もあります。コンセントに直接差し込むタイプなら電源コードがありませんし、最近では明るさが段階的に調節できたり、お洒落なデザインのものも多く出回っています。

「電気代がもったいない」と、親が常夜灯のスイッチを切ってしまう場合は、人の動きに反応して光る人感センサーライトが便利です。生活動線上に設置し、人が通るときだけ光る照明なら、節約を美徳とする世代の親にも喜ばれるはずです。

できたらチェック

009

車輪付きワゴンなど、動く家具はなるべく固定する

足腰が弱ってくると、何かにつかまりながら移動することが増えてきます。家の中の生活動線上に手すり（※第10章を参照）があれば転倒のリスクは軽減できますが、設置されていなければ高齢者は壁や家具などに手をついて移動するようになってきます。

実際にあったケースですが、リビングに置いてあった可動式のワゴンに体重をあずけたら、キャスター（車輪）が動いて体のバランスを崩して転倒し、肩を骨折した80代の女性もいました。動いたり、グラついたりする家具は、手すりの代わりになるどころか、危険な障害物になりかねません。帰省したら家具をチェックし、不安定なものはストッパーなどでしっかり固定しましょう。

玄関先にも危険は潜んでいます。置いてある自転車やバイクのハンドルは、つかまるには好都合の高さ。外出時や帰宅時に親がうっかり手を掛けたはずみに、二輪車もろとも転倒することもあります。できれば置かないほうがリスクは避けられます。

できたら
チェック

010

浴槽に滑り止めマットを敷く

家の中で一番足を滑らせやすい場所は浴室です。高齢の親がいる世帯では洗い場には滑り止めマットを敷いていると思います。でも、それで安心はできません。

私がケアマネジャーとして担当した高齢者の例ですが、入浴中に滑って溺れかけた人がいました。浴槽の底は意外に滑りやすいのです。お湯から上がるときに足を滑らせる事故も数多く報告されています。滑り止めのマットは浴槽の底にも貼ってください（専用のマットが市販されています）。

浴室にも手すりがあるに越したことはないのですが、リフォームするとなると時間も費用もかかります。私がおすすめするのは、工事なしで浴槽の縁に取り付けられる浴槽用グリップ。この購入費は介護保険の適用にもなります。設置を検討する場合は地域包括支援センターに相談すると、福祉用具の業者に浴室を点検してもらうこともできます。その際、入浴時の親の動作を見てもらい、浴槽用グリップなどの補助器具を最適な位置に取り付けてもらうといいでしょう。

できたら
チェック

011

階段に滑り止めマットを貼る

階段での転落は命の危険につながります。どんな階段でも滑り止め対策は必須。即効性があるのは滑り止めマット。一段一段に貼るだけでなく、階段の始点・終点となる1、2階の床部分や、踊り場にも忘れずに貼っておきます。

階段の昇降は、足だけでなく手の動きも連動します。階段の途中につかまるところがないと、バランスを崩しやすくなります。手すりも、早めの設置が肝心です。**階段での転落事故は圧倒的に「下り」で発生しています。階段の両側に手すりがあれば理想的ですが、片側に付けるときは下りの体勢で利き腕側にあったほうが安全に降りやすくなります**。踊り場にも忘れずに設置してください。

滑り止めマットや手すりの設置工事には介護保険が適用されます（第10章参照）。まずは地域包括支援センターに相談してください。

ですが、自宅の階段での転落事故を防ぐ究極の方法は、階段を使わないこと。「階段で怖い思いをしたことはなかった？」と、一度聞いてみてください。洗濯物のカ

できたら
チェック

ゴを抱えて2階に上がるとき、あるいは夜中に目が覚めて1階に降りるときなど、危うく転びそうになった――いわゆる〝ヒヤリハット〟の経験が親にあれば、1階をメインにした生活に切り替えることを提案するのも、子ができる恩返しです。

寝室や書斎を2階から1階に自発的に移す高齢夫婦は珍しくありません。「転落リスク」が避けられて、「トイレがすぐ」というメリットを説明し、1階での生活を親に納得してもらいましょう。

自宅で日常的に階段を使うことで足腰の衰えを防げるメリットもあります。でも、身体機能は体操で維持できます。デイサービスや地域の介護予防教室などで行う体操を積極的に利用したほうが、健康管理という意味では親にとってむしろ有益です。

012

カラフルでオシャレな杖をプレゼントする

老眼になったら老眼鏡を使うように、足腰が弱ってきたら早めに杖を使うことを私は勧めています。二足歩行よりも三点で重心を支えたほうが安定し、転倒しにくくなることは多くの研究で証明済み。杖を使い始めたら「歩きやすくなった」「外出する機会が増えた」と話す高齢者は大勢います。より歩きやすいという理由で、両手に杖を持つ人も増えてきました。

最近は機能性や耐久性だけでなくデザイン性にも重点が置かれ、オシャレで〝映《ば》える〟杖も数多く出回っています。長さが調節でき、折りたたんでカバンにしまえる杖もあります。

長く愛用する道具なので、大事なのは親の好み。ネットなら選《よ》り取り見取りですが、実際に使い勝手を試してからのほうが後々安心です。購入するのはなるべく専門店で、必ず親と一緒に選んでください。専門店なら取り扱う商品も豊富ですし、選び方や使い方のアドバイスもしてくれます。

できたらチェック

まだまだ足腰は達者だと思っている親なら、杖を使うことに抵抗感を抱く場合もあります。とくに父親は、「カッコ悪い」「年寄り扱いするな！」と反発することも。一方で、雨上がりに傘を杖代わりにして歩いている高齢男性もよく目にします。子の目から見て、自分の親が「歩くのが遅くなったな」「いつか転びそうだ」と感じたら、迷わずに杖を使うことを勧めてください。

一番の問題は、杖を使ってもらうタイミング。誕生日や敬老の日などに子からプレゼントするのは、親を思う子の気持ちが伝わる自然な方法だと思います。

また、**プレゼントする前に、杖を使っている高齢者がたくさんいる集まりに参加していると、杖を持つことへの抵抗感は薄れるかもしれません**。実際に、デイサービスに通い始めてから、「みんなが持っているから私も」と、自分から杖を使い始めた高齢女性もいました。

通常の杖の購入は自費で行わなければなりませんが、石突き（先端部）が3～4本に枝分かれしている杖や、握力が弱い人が前腕部で支えるような歩行補助杖の購入は介護保険の適用になります。普段から杖を使い慣れていれば、いざ歩行補助杖が必要になったときでも、戸惑うことなく使えるはずです。

013

滑り止めのついた5本指タイプの靴下をプレゼント

「ウチの親、まだ杖は使わなくても大丈夫そう」と思った人も、転倒防止のためにぜひ親にプレゼントしてあげてほしいのが、滑り止めがついた靴下です。

フローリングや畳は意外に滑りやすいもの。室内は裸足で歩くのが理想ですが、寒い冬場や、冷え性の女性には、裸足が苦手という人も少なくありません。そんなときは、足裏に滑り止め加工が施された靴下を履いてもらいましょう。

おすすめは5本指タイプの靴下です。履くのに少し手間が掛かりますが、普通の靴下よりも裸足に近い感覚で歩くことができます。

買い求めるときは、介護用品の取り扱いがある店で。量販店などでは「3足980円」といった安価なイボイボつきソックスも売られていますが、中には滑り止めの効果がほとんど期待できないものもあります。

高齢者にとってスリッパは滑りやすい上に脱げやすいという危険があります。家の中では裸足か滑り止めつき靴下——これが親の習慣になるように促してください。

できたらチェック

Chapter

3

帰省時に してあげると 喜ばれること

親と離れて暮らしているみなさんは、どれくらいの頻度でコミュニケーションを取っていますか？

「最後に話したのはいつだったっけ……」

とクビをかしげた人は、親を心配させているかもしれません。**便りがないのは元気な証拠、という言葉もありますが、子の音沙汰を気にしない親はいません。週に一度は電話をするなど、定期的な連絡は、信頼できる親子関係を保つ基本だと私は思います。**

例を挙げると、母親に週に一度は手紙を書いている40代の筆まめな女性がいます。また、仕事で地方に行くことが多い50代の男性は、出張先から地元の名産品などを実家に必ず送っています。そういった子の側の能動的なアクションが、親に対して「つながっている」という安心感を与えるのです。

そして、これ以上ない能動的なアクションが「直接会う」こと。家庭や仕事の都合で盆と正月くらいしか帰省できない人も多いかと思いますが、それならなおさらのこと、帰省したときは思いっきり親に恩返しをしてください。

直接会っているからこそできることはたくさんあります。たとえば**スキンシップ**。大人になってから、親と手をつないだことはありますか？「ない」と答える人が圧倒的だと思います。まだ親が若ければ、照れくさいのは当然です。でも、親が老いてくれれば、支えるのは子の側。最初は「ちょっと爪を見せて」「指相撲しようか」などと声をかけ、親の手を握ってください。そして外を歩くときは、エスコートするつもりで手をつないでみる。肩を揉むのもいいでしょう。

身体感覚を伴う刺激は、目や耳か

ら受け取る情報よりも深く記憶に刻まれます。恩返しの気持ちも、スキンシップがともなえば文字や言葉以上に強く親に伝わるに違いありません。**帰省は、親の体調や生活状態を把握する機会でもあります。老いとともに、以前できていたことができなくなっている場面にも遭遇するかもしれません**。というより、むしろそういう変化がないかを確認してください。

もちろん個人差はありますが、70代後半以降は、身体機能や認知能力の低下が短期間で進むケースも。とりわけ一人暮らしの場合は、自分の外見や身の回りのことに行き届かなくなり、不便を不便だと思わずに生活することも珍しくありません。

親ができなくなった家事や雑用をフォローしてあげるのは、同居の子ならすぐにもできる恩返しです。自分が何をすれば、親が助かるのか？　この章で紹介する恩返しだけでなく、みなさんも親が喜ぶ顔を想像しながら考えてみてください。

014

冷蔵庫の中を一緒に片付ける

実家の冷蔵庫の中を整理したことはありますか？　高齢世代には、「食べ物は冷蔵庫に入れておけば悪くならない」という〝冷蔵庫神話〟が少なからずあります。帰省したら、消費期限が切れた食材が眠っていないかチェックしてみましょう。同様に、食品庫などに保存してある乾物や缶詰も忘れずに確認を。

期限切れの食品とはいえ、勝手に捨ててしまうと親の機嫌を損ねることがあります。食料品は「消費期限内に食べ切る」ことを再認識してもらう意味でも、冷蔵庫や食品庫のチェックは親と一緒に行うことが肝心です。

賞味期限なら数日過ぎても食べられるものもあります。捨ててしまうより、消費期限が迫っている食品などと一緒に調理して食卓に並べたほうが、親も「もったいない」という不満を抱かずに済みます。

足腰が弱ると、居間から冷蔵庫まで飲み物を取りに行くのがしんどくなる人もいます。そんなときは、居間にミニ冷蔵庫を置くのも喜ばれる恩返しになるでしょう。

できたらチェック

015

テレビなどのリモコンをきれいにする

毎日使うものの汚れは、使っている本人には気付かないことが多いです。いつも目につく場所に置いてある、テレビやエアコンなどのリモコンがいい例です。

ボタンの隙間にほこりがたまっていたり、手垢で汚れたりしていたら、爪楊枝や除菌クリーナーを使ってキレイに掃除してあげましょう。**その際、電池残量もチェックして（チェッカーは100円ショップでも売っています）、切れる前に電池も取り替えておきます**。

体温計や家庭用血圧計、電卓などの小型電化製品のボタン電池は、交換方法がわからない高齢者もいます。これらも除菌清掃したら、念のために電池残量の確認を。

親がパソコンを使うのであれば、キーボードは忘れずに掃除してあげてください。裏返しにすれば、小さなゴミやほこりがたくさん落ちてくるはずです。それを親にも見せて、「毎日使っていれば汚れがたまる」ことを伝えます。隙間掃除用のブラシなどを用意してあげるのも、親には喜ばれるプレゼントになります。

できたらチェック

016

親の手が届かない場所の掃除をする

高齢になればなるほど〝手の届かない場所〟は増えてきます。私が仕事で訪問する高齢者のお宅でも、掃除が行き届かなくなって汚れ放題になっている場所を目にすることがしばしばあります。思いつくままに挙げてみましょう——。

ベッドの下、照明器具の傘の上、エアコンのフィルター、換気扇、キッチンや風呂場の排水溝、ガスレンジの下や裏側、神棚、タンスの上、ベランダ、網戸……。

帰省したとき、もしも汚れている場所があったら掃除してあげてください。親にもできることがあれば協力してもらいましょう。わが子と一緒に家の中をきれいに

できたらチェック

することで喜びも増すはずです。

滞在日数に余裕があれば、押し入れや納戸を掃除するのもおすすめです。自分が幼い頃に遊んだおもちゃや、学生時代の成績表などが出てくるかもしれません。そんな思い出の品々を話題にして親とお茶でも飲めば、会話もきっと弾むことでしょう。

017

トイレをすみずみまで掃除する

「実家のトイレが汚くなったなと思ったときに、母の老いを感じました」と話していた50代の女性がいます。「ご不浄」という言い方もあるように、トイレは家の中で一番汚れやすい場所。常に清潔に保っておきたいですが、高齢になると「腰をかがめるのがツライ」「汚れが見えにくい」といった理由で、掃除が雑になりがちです。**トイレの汚れは、親の老いを知るバロメーターといってもいいでしょう**。

トイレは他人に見せたくない姿になる特殊な空間です。そういう場所の掃除は、

できたら
チェック

「年を取っても子の世話にはなりたくない」と考えている親にしてみれば、頼みにくい。だからこそ、頼まれる前に子の側から買って出ることに意味があります。

トイレをきれいに掃除してあげれば、親は喜びと同時に、「申し訳ない」という気持ちも抱きます。その気持ちを汲み取って、「親子だから気にしないで」と言葉を掛けてあげてください。これは心理学でいう〝共感的理解〟という態度で、相手との信頼関係を深めるコミュニケーション技法でもあります。恩返しをしたいと思う皆さんの慈愛が実直に親の心に伝わるでしょう。

掃除とともに、親がトイレを快適に使うための配慮も怠らないように。シャワートイレや暖房便座などの設備は整っていますか？ **見落としやすいのは補充するトイレットペーパーの置き場所。トイレ内の高い棚の上にストックしている家を多く見受けますが、背伸びをして高所にあるものを取る動作は転倒の原因にもなります。**市販のホルダーなどを使い、取りやすい位置にストックする工夫をしてください。

また、立ったまま洋式トイレで小をする男性もいます。これは飛沫が散ってトイレが汚れる原因の最たるもの。父親にも掃除の苦労をわかってもらい、座って用を足すことに慣れてもらいましょう。

018

庭の草むしりをする

高齢の親にとって庭の清掃は重労働。管理ができなくなり、雑草が生え放題になっている庭を、私も訪問先で見掛けることがあります。**荒れた庭は、泥棒や詐欺師に「ここは高齢者の住居です」と教えるサインにもなりかねません**。もしも実家に庭があるなら、子の出番です。

草むしりや落ち葉拾いは、腰を曲げるのがしんどい親でも、座面が360度回転する補助椅子（※絶対に立って上がらないこと！）があれば多少は作業がラクに。外の空気に触れながら一緒に作業すれば、親にとっても心地よい運動になるはず。

草むしりを終えたら、季節の花を植えてみてはどうでしょうか？　使わなくなった皿をバードフィーダー（餌台）として木の枝に置いておけば、小鳥が遊びに来るかもしれません。収穫という楽しみができる家庭菜園もおすすめ。**〝育てる〟という行為に、親なら張り合いを覚えるはずです**。植物や小鳥を通じて生命力が感じられれば、庭は親にとって憩いの場所になるはずです。

できたらチェック

019

ふとんを干して取り込む

重いものを動かしたり、大きなものを運んだりする作業は無条件に喜ばれます。帰省したときに天気が良ければ、ぜひ親が寝ているふとんを干してあげてください。**足腰が弱り、筋力が低下した高齢者に、力を必要とする作業は困難。ふとんを抱えてベランダを歩くのは、バランスを崩して転倒するリスクを免れません。**親には「一人でやらないで」と話し、帰省した際にやると決めておいてもいいくらいです。

快晴なら、ふとんを干す時間は裏表を1時間ずつで十分。できれば毛布やまくらも一緒に干す。日光を浴びて乾燥したふかふかのふとんで寝るのは気持ちがいいもの。その日の夜は、親とまくらを並べて寝るのもいいかもしれません。

親がベッドで寝ているなら、マットレスを外に干すのは大変ですが、寝室の日当たりがいい場所に敷けば乾燥はできます。それができなければ、せめて上下や裏表はひっくり返してあげましょう。向きを変えることで、マットレスの一部にばかり体重がかかって凹むのを防ぐことができます。

できたらチェック

020

しょうゆやサラダ油など、重いものを買っていく

重いものや大きなものに親が難儀するのは、買い物にも当てはまります。お米、しょうゆ、サラダ油、お酒、ミネラルウォーターや清涼飲料水、ティッシュペーパー、トイレットペーパー、キッチンタオル、洗剤などの消耗品——。そういった定期的に購入する「重い品物」「かさばる品物」は、帰省したときに買いそろえ、次の帰省まで切らさないようにストックしておくといいでしょう。

車があるなら、量販店で安く大量に買うのがトクかもしれません。なければ近所で調達。でも大量の品物を両手にぶら下げて歩くのは若い人でも一苦労。有料の場合もありますが、配達サービスなどを上手に利用してください。

子の側に一番負担のない方法は、ネットショップを活用することです。事前に何が必要かを親と相談し配達日・時間帯を自分が帰省した後に指定しておけば、買い物に行く手間も、荷物を持つ苦労も省けます。また、ネットで「最安値」を探せば、量販店よりも安く買える商品もありますから、経済的にも子の負担は少なくなりま

できたらチェック

す。

気を付けたいのは、買いすぎないこと。 たとえば2リットルのミネラルウォーターなどは、常温で1～2年間は保存ができますが、だからといって大量に買っても置き場所に困ります。あるお宅では、ミネラルウォーター6本入りのダンボール箱が廊下に十数箱も積み上げられていました。これでは通路を狭くするだけでなく、地震が起こったら崩れてくるのではと心配になりました。

洗剤なども大容量の商品が価格も割安ですが、たとえば袋入りの液体洗剤は、そのままでは重くて扱いにくいものです。買ってきたら、詰め替え作業まで済ませておけば親は助かるでしょう。帰省のたびに残量を確認して下さい。

調味料も大容量なら割安ですが、賞味期限があります。1リットル入りのしょうゆを買っても、親が一人暮らしなら期限内に使い切れないかもしれません。調味料や食用油は開封すれば劣化が始まります。大容量を買って小分けにするのではなく、適当なサイズを切らさないようにストックしておけば十分です。

021

電球&電池を換える

「部屋の電球が切れた！」という例は、かつては独居高齢者の〝困りごと〟の代名詞のようにもいわれました。手が届かない場所にある電球や蛍光灯の取り換えは、転倒のリスクが非常に高い作業です。たとえ実家に踏み台や脚立があっても、親には絶対にさせないようにしてください。天井付近の照明器具は、切れる前に長寿命のＬＥＤ電球に換えることをおすすめします。

ただ、この項で重要なポイントは電球ではなく、親にとって「予期せぬ困りごと」は頻繁に起きるということ。ちょっとしたお手伝いで解決する困りごとは、地縁の人たちの助けを借りるのが一番です。帰省したら、お隣さんやご近所さんに声を掛け、親の小さな困り事を助けてもらえるように頼んでおきましょう。

また、町内会のようなさまざまな「支え合い活動」も頼りになります。「遠くの親類より近くの他人」という言葉もある通り、地域の助け合いは、親にちょっとした不便が起きたときの保険のようなものです。

できたら
チェック

022

郵便物を一緒に確認する

届いた郵便物が未開封のままになっていないか、それも帰省したときに確認してください。とくに支払いが必要な請求書や振込用紙は、放っておくと遅延金が発生する場合が出てきます。逆に、給付金や還付金などの通知は、申請書類を提出しなければ受け取ることができなくなってしまいます。

私が担当するお宅では、親が読んでもわからない郵便物は箱に保管しておき、月2回帰ってくる娘さんが内容を確認しています。この月2回が大事なポイント。提出が必要な書類には「2週間以内に返送を」というものが意外に多いからです。

高齢になって認知能力が低下してくれば、書類の記載に不備が生じる可能性も出てきます。必要書類の作成は本人の意志を確認した上で、血縁である実子が代行するのが最善です。が、「月に2回も帰省できない」のであれば、役所で手続きすることで、医療・介護の保険や税金に関する書類の送付先を子の住所に変更できます。未開封の郵便物が増えてきたら、早めに変更したほうがいいかもしれません。

できたらチェック

023

手足の爪を切ってあげる

年をとると、身だしなみに気を遣わなくなりがち。特に足の爪は普段目に入らないので、切らないまま伸びている高齢者は少なくありません。そのままにしておくと、巻き爪になったり、隣接する指の皮膚を傷つけたり、つまずいた拍子に剥がれたり、といったトラブルを招きます。

お風呂あがりなどに、「お母さん、ちょっと爪を見せて」と、状態を点検してあげてください。伸びていたら、切ってあげましょう。

とはいえ、爪は10日で約1ミリ伸びるため、月に2度は切る必要があります。親自身で手入れできるように、電動爪切りをプレゼントするのもおすすめ。介護の現場でも使われています。刃に爪を沿わせて徐々に削るので、切りすぎを防ぎ、高齢者にも使いやすいです。指先を照らすLEDライト付きのものなど種類も豊富。ただし、巻き爪や周辺が炎症を起こしている場合は皮膚科を受診し、爪の切り方も医師の指示に従ってください。

できたら
チェック

024

肩や脚などを揉む

幼かった頃、痛いところを親にさすってもらった経験はありませんか？ 〝手当て〟はもっとも古い治療法です。**心を許した相手とのスキンシップは、脳内に幸せのホルモンと呼ばれるオキシトシンやセロトニンが分泌され、体や心を癒やす効果があります**。また、同じように幼い頃、親に肩たたきをしてあげていませんでしたか？ その親孝行は、大人になった今でもできます。肩、腰、脚……、疲れている筋肉をやさしく揉めば、親は昔を懐かしんで満たされた心持ちになるはずです。

リラックスした状態で会話ができるのもマッサージのいいところ。互いの〝温もり〟を感じながら、思い出話に花を咲かせば、親子の〝絆〟は一段と深まります。

久しぶりに触れた親の体からは、いろいろな印象が伝わってくると思います。**「こんなに華奢《きゃしゃ》だった？」「腕が細くなった」「シワが増えた」などの〝老い〟を感じたなら、自分が頼っていた親が、今は自分を頼りにしていると心に留めてください**。

できたらチェック

025

母親の髪をとかす

娘なら母に、「髪をとかしてあげようか」という言葉も照れずに言えるのではないでしょうか。「子どもの頃、お母さんに三つ編みをしてもらったね」と当時を懐かしみ、今は逆に、娘が母の髪をとかして整える。これも心が通うスキンシップ。お互いに温かい気持ちになるものです。

母の髪をとかすと気付くのが、髪の毛の衰え。女性も60代を過ぎると、髪の量が減って薄毛を気にする人が増えます。それを察して、娘だから言える提案をしてみてはどうでしょう。「お母さん、ウィッグを試してみたら。ほら、ＣＭで浅田美代子さんもつけているでしょ。素敵だよね」と女優さんの名を出すと、ウィッグへのハードルも下がると思います。そして母親が関心を持ったら、アデランスやアートネイチャーなど、販売している店舗に連れていきましょう。なかなか自分からは、髪が少なくなったからウィッグをつけたいとは言い出せません。その背中を軽く押してあげるのが娘の心遣い。親が前向きになれる恩返しです。

できたらチェック

026

母親にショートカットをすすめる

髪をシャンプーで洗ってドライヤーをかけて整える。年をとると、この一連の作業が面倒になってきます。特に髪が長いと、洗うのも乾かすのも時間がかかって大変。要支援・要介護になって施設を利用するようになると、介護スタッフに洗ってもらうことになるので、なおさらです。

「お母さん、今、大人のショートが流行りだよ」と、髪を切ることをすすめてみましょう。母親の行きつけの美容院を予約し、子も一緒に行けば母親も安心です。**カット後には、「似合う！ 若返ったよ」とホメることも忘れずに。そして大切なのが、次の予約を入れておくこと**。「2か月後の3月14日に美容院」という予定が決まると、その間はケガ・病気をせずに健康でいなきゃ、と気持ちにハリが出ます。

美容院できれいにしてもらったあとは、気分もいいですからレストランで食事をして帰る。こんなふうに親子のイベントにすれば、美容院通いが楽しいルーティンになり、「2か月後も元気でいよう」が継続していくと思います。

できたらチェック

027

一緒に墓参りに行く

ご先祖をお迎えするお盆やお彼岸は、離れて暮らす子に帰省してほしいと、多くの親は考えています。お墓参りは家族が思いを一つにする大切な行事です。仕事や家庭の事情でお盆やお彼岸に帰省できない人も、年に一度は親と一緒にお墓参りに行く機会をつくってほしいと思います。

私の個人的な話ですが、父方の菩提寺が山の中腹にあります。晩年の父は坂道を登るのが困難で、私が車椅子に乗せて連れて行かなければお墓参りができませんでした。誰かの助けがないとお墓参りできない親は多いのではないでしょうか。

年老いてくれば、誰でも自分が死んだ後のことを考えるようになります。息子や娘から「お墓参りに行こう」と誘われれば、親は「自分が死んだ後もこの子は私を大事にしてくれる」と感じるはずです。こう書くと縁起が悪いとお叱りを受けるかもしれませんが、先祖を敬う心を持つ子の親は、「安心して死ねる」という心の平穏を得られるに違いありません。

できたら
チェック

お墓参りに行ったら、親と一緒に墓標の掃除も忘れずに。心置きなく供養を済ませた帰り道は親の親（あなたの祖父母）の思い出話を聞かせてもらってください。そして、頃合いを見計らって、**「自分が死んだらどうしてほしいか？」という親の意向も確認するといいでしょう**。

近年では散骨や樹木葬など、お墓に入ることを希望しない人も増えてきました。また、コロナ禍で盛大な葬儀は少なくなり、家族葬や、親しい人だけで執り行う小さな葬儀が主流になりつつあります。そういう話を「縁起が悪い」とは思わず、率直に希望を伝えてくれる親なら、エンディングノートの作成を勧めてみてもいいでしょう。

お墓だけでなく、家にあるお仏壇も帰省したときに掃除しましょう。ところで、みなさんは祖父母や、親の兄弟など、血縁者の命日は知っていますか？　毎年その日には親に電話をして、故人を偲《しの》ぶ一言を伝えてください、また、お供物《くもつ》やお線香を送ったりするのも、親元を離れて暮らしている子にできる殊勝な先祖供養です。

028

親に「甘える」「頼む」「教えてもらう」

帰省したら〝できること〟は、実は親の側にもあります。何かが〝できる〟こと、そして、その役割を〝求められる〟ことは、高齢者に限らず、人が生きていく上で非常に大きなモチベーションになります。

私が以前担当した例ですが、85歳で長男一家と同居することになったBさん（男性）は、家での役割がなくなったことで認知症状が顕著になりました。「安全」を優先して、Bさんに何もさせなかった長男夫婦を責められませんが、役割のない生活は人から意欲や気力を失わせます。大げさに聞こえるかもしれませんが、〝尊厳〟を奪ってし

できたら チェック

まうと言ってもいいかもしれません。

帰省の際は、親に役割を与えてください。簡単なことです、甘えればいいのです。

たとえば裁縫が得意な母親なら、シャツのボタンを付けてもらったり、刺しゅうやパッチワークを頼めば、子のために張り切るでしょう。料理も同様です。玉子焼き、肉じゃが、カレー――幼い頃に好物だった母の手料理を、「また食べたい！」とリクエストしてください。私も母親がまだ台所に立てていたときに、「かじきの煮付けが食べたい」と何度か頼み、その度に母は自慢の腕を振るってくれました。

父親には、「いま、こんなことで悩んでいる」と、仕事や人間関係についてアドバイスを請う。あるいは、力仕事を（危なくない範囲で）手伝ってもらえば、「まだまだ衰えていないぞ」と、自信を取り戻すことにつながるかもしれません。

そして「ありがとう」「助かった」と、必ず感謝の言葉を口に出してください。「すごくいい出来だね」「またお願いするよ」と、評価も伝えてください。

人間は努力が認められると、脳内で快楽物質のドーパミンが分泌され、達成感や満足感とともに〝やる気〟が出てきます。わが子からの〝ホメ言葉〟は、親にとっては長寿のおまじないにも等しいのです。

029

親とケンカしても帰る前に必ず仲直りを

離れて暮らしているときは親の身を案じていながら、帰省すると毎回のようにケンカになる……。これ、親子の「あるある」です。つい言いたいことを口走って、相手を怒らせてしまう。気分は悪いものですが、ケンカにならないようによそよそしく振る舞うよりは、ケンカもできる関係のほうが健全かもしれません。

ただし、ケンカしたままだと、ギクシャクした関係を修復する機会を逸することがあります。**原因はさておき、「こっちからは謝らない！」と双方が意地を張っていた結果、そのまま疎遠になってしまった親子も実際にいます**。

世代や環境が違えば、価値観に違いが生じるのは当然。どちらが正しいのか白黒を付けることに固執せず、次も笑顔で帰省できるような別れ方を心掛けてください。

この章の冒頭にスキンシップの効果について書きました。自分にウソをついてまで謝りたくないなら、別れ際に親の手を握る、ハグをする、などしてみませんか。恩返しをしたいと願うあなたの本心は、親へのうれしい置き土産になるはずです。

できたらチェック

Chapter

4

思い出を振り返る
新たな思い出を作る

若かった頃や仕事や子育てに夢中だった頃など、昔のことを思い出して懐かしさを感じると、人は幸福感を覚えたり、温かい気持ちになるものです。「懐かしい」という感情は、ドーパミンという脳内ホルモンを分泌させ、心地よさをもたらします。

もともと、**認知症のリハビリの一つに「回想法」があります。昔の写真を見たり、お気に入りの音楽を聴いたりしながら当時の経験や思い出を語り合うと、脳の前頭葉が活性化する、と立証されています。**

介護の現場でも、それは実感します。**認知症になって最近のことは記憶になくても、昔のことはよく覚えているのです。**たとえば、美空ひばりのヒット曲を流すと、口ずさみ、「昔、新宿コマ劇場のリサイタルに行ったわ」と、関連する記憶が次々と呼び覚まされて、表情も穏やかに。その変化は驚くほどです。そういう姿を見ると、思い出は宝物であり、共有できる相手がいることは幸せだと思わずにいられません。

頭がしっかりしていて、まだ元気な親に対しても、回想法はもちろん有効。子の世代にとっても、この効果は同じ。ですので、親と一緒に思い出を振り返ることは、恩返しをしつつ自分も温かい気持ちになれるわけです。

たとえば、親と一緒に、自分が幼少期の頃のアルバムを見ると懐かしさで胸がいっぱいになるでしょう。「七五三のとき、エミちゃんったら、着物の帯が苦しいとグズって、大変だったのよ」「あー、だから私、こんな不機嫌な顔で写っているのね」などと笑いながら会話も弾むでしょう。

昔の映画を一緒に見るのもおすすめです。親が好きだった映画のＤＶＤを借りてくる。また、インターネットで視聴できるＮＨＫのアーカイブスは過去の映像の宝庫。１９５０年代から90年代ぐらいのドラマやニュースなどのダイジェスト映像を見て、親と一緒にタイムスリップし、当時の思い出を聞いてあげてください。

その一方で、これから親子で新たな思い出を作っていくことも、恩返しです。**今日という日は、親にとっても子どもにとっても一番〝若い〟日。**親が衰えると、できなくなることが増えます。**「元気なときに、おいしいものを食べさせてあげたかった」「一緒に旅行に行きたかった」と後悔を口にする人を、私はたくさん見てきました。**そして亡くなったら、もう親とおしゃべりすることも、「大好き」「ありがとう」という愛情表現や感謝の言葉を伝えることもできません。

時間は有限。できるだけ親が元気なうちに、のちのち思い出になるようなイベントや楽しみの場を設けて、親子の幸福な時間を増やしましょう。

030

いい写真はプリントして渡す

デジタルが普及してから、写真はスマホやパソコンで見るものになってしまいました。しかし、親は、紙焼き写真になじんでいる世代。スマホなどに保存された写真は、整理の仕方がよくわからず、その場でさっと見るだけ、という人も多いようですので、親がきれいに写っていたり、家族や友人と楽しそうにしているショットは、プリントして渡してあげましょう。手元にあればいつでも見られて、そのときのことを振り返ることができます。

一緒に写真の整理をし、アルバム作りも手伝ってあげるといいでしょう。よく結婚披露宴や葬儀で、その人の人生アルバムをスライドで見せますが、あんな感じで、親の人生の軌跡がわかるように、一冊のフォトブックにまとめるのも一案。誕生日などの折にプレゼントするのもいいでしょう。

縁起が悪いと思われるかもしれませんが、遺影の準備も。特に女性は「きれいな写真を遺影に」という思いがあります。

できたら
チェック

031

親の昔話を聞く

子どもは自分が生まれる前の親の姿を知りません。親が亡くなったあと、「親の若い頃の話を、もっと本人に聞いておけばよかった」と悔やむ声をよく耳にします。自分のルーツを知りたいという思いは誰にでもあるもの。それを早速、実行しましょう。

親にとっては、子どもが自分に興味を持って耳を傾けてくれるのはうれしいことですし、前述したように、昔に思いを巡らせることは、脳を活性化させ、心身によい影響を及ぼします。

「お母さん、子どもの頃、何が得意だったの？　国語？·音楽？·」「お父さん、高校時代は野球部で、女子にモテたってホント？」と自分が興味あることや、親が喜んで答えそうなことを質問して話を引き出してみてください。

両親の出会いや、昔の恋愛についても話を向けると、親は当時に戻って華やいだ気持ちになるかもしれません。

できたらチェック

「お父さんとどこで出会ったの？　どこがよかったの？」と。本人（父）がいると照れて言えなかったりするので、母親一人のときに聞いてみましょう。父親に「独身の頃、どんな人とつき合っていたの？」なんて過去の恋愛を探ってみてもいいかも。「そんなこと言えるか」と苦笑いされるだけかもしれませんが、こうした質問を重ねることで、今まで聞いたこともないような話が飛び出し、自分が知らない親の一面に触れることができます。

思い出の地を一緒に訪れるのもおすすめ。たとえば、親の実家や、親が新婚時代を過ごした場所。そこで懐かしい人々と会って話せば、さらに記憶が次々と呼び覚まされます。もう実家や新婚時代の建物がなければ周辺を歩くだけでも、親は「新婚の頃、よくふたりでこの神社にお参りに来たわ」と当時の様子をリアルに思い出すはず。そういう話を聞けるのは子の幸せでもあります。

ただし、親に昔話を聞くとき、決して無理強いしないように心がけてください。質問をして「もう忘れた」「今更、言えるか」などと口をつぐんだら、それ以上は踏み込まない。言いたくないこと、思い出したくない過去もありますから。

032

同じ部屋でふとんを並べて寝る

子どもの頃、和室にふとんを並べて親と川の字になって寝た経験はありませんか？　**親が傍にいるという安心感はかけがえのないもの。それを今度はお返ししましょう。帰省のときや親が泊まりに来たとき、ふとんを並べて父や母の傍で寝るのです。**たとえば夏ならば、蚊帳を吊ったり、蚊取り線香を焚いたりして、昔を再現し、「小さい頃、こうして蚊帳を吊ったよね」と、当時の思い出を語って懐かしむのも一案です。枕を並べて会話をするのは楽しいものですし、親もリラックスして、心地よく眠りにつけるでしょう。

高齢になると、排尿障害や服薬の影響などで夜中に何度もトイレに行くなど、排泄と睡眠の悩みを抱える人が増えます。この機会に、できれば親のトイレの回数を確認し、場合によってはトイレに同行する。また、大きないびきをかいていないか、睡眠時無呼吸の症状がないか、もチェックを。そうした症状がわかれば、早めに受診して治療できます。親が傍で寝ているときにしかできない恩返しです。

できたらチェック

033

自分の得意料理を作ってふるまう

誰にとっても母の手料理は思い出の味。おむすび、味噌汁、卵焼き、肉じゃが、カレーライス……懐かしさがこみあげてきます。

今度は自分の得意料理を親に食べさせましょう。できればあなたの親が馴染みのないメニューを作るのがおすすめ。〝食の初体験〟によって、脳の前頭葉は刺激を受けます。おいしさと、子どもが手料理でもてなしてくれたといううれしさ、それらが相まって、忘れられない味になるでしょう。

「おいしかったよ」と言われたら、「また今度作るね」と約束してください。「これ、もういいわ」と口に合わなかったら、「次は違うものを作るね」と他のメニューを提案。こうした〝食〟のやり取りが、親の食への関心を高め、食欲を維持することにつながります。

高齢者は食欲がなくなると、途端に弱ります。「おいしい」と食べてくれるのは元気な証し。親が元気なうちに、子の味で恩返しをしましょう。

できたらチェック

034

一緒に外食する

親を外食に誘うのは、特に家にこもりがちな親には、外に連れ出す動機になりますし、手頃にできる恩返しとしておすすめです。おいしいものを食べに行き、子や孫とおしゃべりすることは、親にとってとてもいい気分転換になります。

ここで大事なのは、親のリクエストを優先すること。親子で生活時間帯が違いますから、「夜は早く寝たいので、ディナーよりランチがいいわね」などという親の希望に合わせましょう。お店も、どこの料理が食べたいか、具体的な店名を聞く。もし店名が出てこなかったら、「久しぶりにイタリアンが食べたい。ゆっくり落ち着けるレストランがいいわ」といった希望を聞いて、それに沿う店を予約しましょう。「ランチのあと、評判のスイーツも食べに行こう」「デパートでショッピングしよう」と、そのあとの楽しみも計画すれば、思い出の一日になるでしょう。後日、親が振り返れるように、写真を撮ることも忘れずに。

息子や娘と食事に出かけるとなると、親は「きれいにしていかなきゃ」と、ちょ

できたら
チェック

っとよそ行きの服を着て、父親は髪を整え、母親はメイクをする。身支度を整えると、姿勢がよくなり、気分も明るくなります。何より、外食や旅行といった非日常体験は、脳を刺激し、認知症の予防にも役立つと言われています。

まさにいいこと尽くめの恩返し。できれば定期的に外食の機会を設けるといいですね。親にリクエストを聞いて、毎回同じ店の名前しか言わない場合は、ときには子どもから、「おいしいうなぎ屋さんがあるから行ってみない？」と提案するのもいいでしょう。

親の健康を気遣うがゆえに、子どもは「お父さん、コレステロール値が高いんだから、肉は控えて！」、「お母さん、そんなに食べると、また太るよ！」などと言いがち。健康管理は大事ですが、親が衰えて食べられなくなったり、亡くなったとき、子の最大の後悔が、「あれ食べろ、これ食べるな、なんて言わないで、好きなものを食べさせればよかった」「食べられるうちに、おいしいものをいっぱい食べさせてあげればよかった」という思いです。

たまの外食は、親の好きなものを存分に食べさせてあげてください。

035

小旅行に誘う

非日常を味わう意味では、外食よりさらにワクワクするのが旅行です。高齢になると、どうしても足腰が弱くなり、長距離の移動に不安を感じ、自分で計画を立てて旅行に出かける意欲は失せていきますが、息子や娘が連れていってくれる旅行なら、親も安心して楽しめるはずです。

私の例をお話ししましょう。父は若い頃から地元の幼なじみの友人たちと温泉旅行を楽しんでいました。しかし高齢になるにつれ、病気になる人や亡くなる人もいて、旅行も途絶えました。それで今度は私が旅を企画。私と妻、それぞれの両親を連れての家族旅行です。群馬県沼田のリンゴ園でリンゴ狩りをして、温泉旅館で一泊するのが、毎年恒例のイベントになりました。父はそれをとても楽しみにしていて、晩年まで旅行を続けました。

旅行に連れてってもらうのを楽しみにしている親は多いと思います。近場の温泉や観光地など1泊程度の小旅行でいいので、ぜひ企画してみてください。ただし、

できたら
チェック

サプライズはおすすめしません。高齢者は突然の出来事への対応が苦手です。うれしさより、驚きが上回ります。親のリクエストを聞いて、行き先を決めましょう。

重要なのが、親の心配事を事前に解決すること。トイレがどこにあるか、歩く距離はどの程度か、浴室に手すりがあるか、旅館や観光地に車椅子の用意があるか、など必要に応じて旅行前に調べて問題がないように準備をします。なお、移動中にトイレの心配をしなくていいように、予防策として尿取りパッドを使用してもらうと安心です。

高齢の親との旅行は準備が大変な面もありますが、子どもの頃、親に海やキャンプに連れてってもらったとき、親もいろいろ準備してくれたのです。過去の思い出に感謝しつつ、恩返ししましょう。

036

毎年、地元のお祭りに参加する

お祭りや花火大会など、脈々と受け継がれてきた地元の行事を、親世代は楽しみにしています。みなさんにとっても、幼い頃、法被《はっぴ》を着て神輿《みこし》を担いだ、盆踊りを踊った、肩車してもらって花火を見た……と様々な思い出が残っているでしょう。**何十年ぶりかに親と一緒にお祭りに行き、盆踊りに参加するというのも、親が元気なうちに実践したいこと**。また、花火大会の桟敷《さじき》席を予約して、一緒に観覧するのも粋なプレゼントです。

花火に行く際は夜道に注意。足元がよく見えないと段差や坂道で転ぶ危険性があるので、親の手を引いてゆっくりエスコートしてください。

全国各地で開催されているお祭りですが、伝統の継承者となる人材の不足が深刻化しています。祭りがなくなるのは親にとって寂しいもの。ですので、祭礼の実行委員に名乗り出ることも、すばらしい恩返しになります。地元に住んでいなくても委員として参加できるケースがほとんどです。

できたらチェック

037

推しのコンサートに一緒に行く

〝推し活〟という言葉は一般化しましたが、**歌手、俳優など心トキメク憧れの存在がいることは、幸福感をもたらし、生活にハリも出ます**。親の〝推し〟を聞いて、歌手ならコンサート、俳優なら演劇やミュージカルなどのチケットを手配してあげると、親は大喜びするでしょう。当日は早めに会場に入り、パンフレットやグッズを購入し、気分を盛り上げます。また、コンサート終了後の楽しみも計画しておく。レストランで食事をするとか、余裕があればホテルで一泊するなどもいいですね。

こうして満喫すると、親は、「また来年のコンサートも行きたい」と、それを楽しみに生きる気力がわき、「それまで元気でいなきゃ」というモチベーションになります。〝推し〟がもたらす効果は大きいので、毎年行けるようにサポートしてあげてください。

なお、足腰に不安がある場合、会場での車椅子の貸し出しの有無を事前に確認しておくことも、子の役目です。

できたらチェック

038

共通の趣味を持つ

みなさんの親はどんな趣味をお持ちですか？　テニス、ゴルフ、卓球などのスポーツ。映画鑑賞、観劇、家庭菜園、絵画、刺繍、俳句・川柳、将棋・囲碁、陶芸、コーラス……。一つでいいですから、自分もやってみる。親子で同じ趣味を持つと共通の話題が広がりますし、一緒に趣味に興じることで、新たな親子の楽しい時間を積み上げていくことができます。

そもそも子は親の影響を受けて育ちます。「父が少年野球のコーチだったから僕も野球部だった」というケースなど、元から同じ趣味がある場合は、また一緒にやるのもいいでしょう。帰省のとき、「久々にキャッチボールやろう」と言ってみてはどうでしょう。親の体力に合わせて、軟らかなボールを使ってゆるく投げるなどの配慮は必要です。スポーツは高齢になると、できることが限られるので、親子共通の趣味としては文化系のもののほうが長く続けられるかもしれませんね。

1対1で対戦する卓球、囲碁、将棋などは、親子で戦う楽しみもあります。将棋

できたら
チェック

の対局をしたら、50代の息子より70代の父親のほうが強かった、なんてケースも珍しくない。そういうときは戦法について教えを請うと、親は喜んで教えてくれるはずです。

将棋に限らず、長年続けていることは、年をとってもその能力が衰えにくいものです。**「お母さん、50年以上も手芸を続けているってすごいね」と継続していることを認めることも大切です。子に認められると、親はうれしいもの。「これからも続けていこう」と意欲がわくでしょう。**

もし、親が無趣味の場合は、子から提案してみましょう。高齢者でも取り組みやすい趣味として、俳句や川柳、パステル画、アクリル画などが最近人気です。「お母さんも一緒にやらない？　楽しいよ」と誘い、親が興味を示したら、近くの教室を探してお膳立てをしてあげましょう。

〝趣味〟と堅苦しく考えず、たとえば、歌が好きならば、帰省の際に一緒にカラオケに行って楽しむ。ＮＨＫの朝ドラを見て、感想を言い合う。そういう共通の楽しみを見つけるだけでも親子の豊かな時間が増えます。

039

誕生日、記念日にお祝い会を開催

親はいくつになっても、子どもを気遣ってくれるものです。そんな親への恩返しは、子も、「いつもお父さん、お母さんのことを気にかけているよ、いつまでも健康で幸せに暮らしてほしい」という気持ちを伝えることです。

その絶好のタイミングが、親の誕生日。子どもの頃、家でお誕生日会をやってもらいましたよね。友だちを呼んで、母親が料理をふるまって、ケーキを食べて、祝ってもらった。今度は、子が親のために開催するのです。

まずはあらかじめ、親がもらって喜ぶものをリサーチしてプレゼントを用意しておきます。自分のきょうだいやその子どもたち、それに親の友人にも声をかけてみましょう。すると、次はその友人の誕生日に招待されるかもしれない。そうして交流が深まっていきます。

当日は、部屋を飾り、お花を生けて、お祝いの雰囲気を演出するのもいいですね。プレゼントとともに「おめでとう。元気で長生きしてね」と言葉を添えれば、思い

できたら
チェック

は十分伝わります。誕生日を覚えていてくれて、顔を見せてくれることだけでも親はうれしいものです。

誕生日のみならず、敬老の日、両親健在ならば結婚記念日、喜寿、米寿など節目のお祝いは大切にしたいもの。とはいえ、すべて行うのは子の負担が大きくなりますから、無理のない範囲で、自分ができることをしてあげればいいと思います。

たとえば遠方に住む孫や友人が参加できなかったら、ＬＩＮＥのビデオ通話で顔を見せてもらったり、ビデオメッセージを送ってもらったり。そうしたツールを活用すれば、より多くの人からのメッセージを届けることができます。「へー、便利だね。私もビデオでしゃべりたい」と親が、ＬＩＮＥなどの操作を覚えるきっかけにもなります。

また、誕生会の写真を撮って親に渡すことも忘れずに。毎年撮影しておくと子のほうも、親の変化を見比べることができます。

040

兄弟姉妹が顔を揃える機会を作る

子どもの頃はくっついて遊んでいたきょうだいも、大人になり、それぞれ家庭を持つと、疎遠になってしまうケースがあります。お正月に親族で顔を合わせても、きょうだいが口もきかない、という話も耳にします。

親は、子どもたちが争うのを一番悲しみます。自分が先にこの世を去るわけですから、子どもたちは仲良く助け合って生きていってほしいと、多くの親は願っています。きょうだい仲がいいと、親は安心なのです。

そういえば、**きょうだいとあまり会っていない、もう何年も話していない、という場合は、みんなが顔を揃える機会を作りましょう**。特にきょうだいが3人、4人と多い場合、「仲のいい姉とはしょっちゅう会うけど、兄とは6年前に口ゲンカして以来、連絡しづらい」など各々の事情で、全員が集合することは意外に少ないようです。

目的は、きょうだいが集まって、親を安心させること。ですので集まるメンバー

できたら
チェック

はきょうだい全員と親のみ。そのほうが、昔に戻って、誰にも気兼ねなく、親子として、きょうだいとして会話ができると思います。実家に集まってもいいし、食事会や温泉旅行を企画するのもおすすめ。いくら血がつながっていても、疎遠になると心も離れます。できれば年1回でも定期的に集まる機会を作ると、きょうだいの絆も切れにくいと思います。

現実問題として、いざ親の介護が始まると、きょうだい間の連携と役割分担はとても大事。生活の面倒をみて介護をする役割以外に、ケアマネジャーとの連絡など事務的な手続き、経済的な援助などの役割もあります。**きょうだいが腹を割って話し合える関係じゃないと、誰か一人に負担がかかって不公平感が生じ、修復不可能な争いに発展することだってあります。そうなったらいちばん心を痛めるのは親です**。親が元気な今のうちに、きょうだいが集まって親との楽しい時間を作って、絆を深めていきましょう。

041

一生に一度の親への感謝の手紙

育ててくれた親への感謝の気持ちは、とてもひとことで言い尽くせるものではありません。毎朝5時に起きてお弁当を作ってくれた母。いつも夜遅くまで働き、「疲れた」と言いながら休日に遊園地に連れてってくれた父。それがどんなに大変なことで、親が子にどれほどの時間と労力を注いでくれたか、大人になった今はわかります。親が自分にしてくれたことの数々を思い出すと、胸が熱くなります。

その感謝の気持ちを、ちゃんと親に伝えましょう。

日本人は往々にして気持ちを表現するのが苦手な傾向があります。特に親しい間柄ほど、改まって感謝したり、お礼を言うのは、どこか気恥ずかしいものです。親子だから言葉にしなくてもわかり合える部分もたしかにあります。でも、思いは口にしないと正確には伝わりません。どんなに心の中で、親を思い、感謝していても、親の心に届か

できたらチェック

ないかもしれない。

親が亡くなってから後悔しないためにも、感謝の思いを伝えましょう。とはいえ、面と向かって言うのは照れるし、話を切り出すタイミングが難しいですよね。うまく伝えられないかもしれない。

そこでおすすめしたいのが、感謝の手紙。**子どもの頃から現在に至るまでの、「あのとき、こうしてくれてうれしかった」「おかげで、好きな道に進めた」といったエピソードを交えて、感謝の思いを綴るのです**。反抗期に暴言を吐いた、しばらく音信不通で心配かけた、など、過去の親不孝を、この場を借りて謝罪するのもいいでしょう。手紙だから、何枚書いてもいいですし、読み返して推敲もできます。時間をかけて気持ちを整理しながら綴《つづ》りましょう。子の素直な思いは、親の心に響くものです。

メールやＬＩＮＥでも伝えられますが、自筆の手紙に勝るものはないと思います。便箋や筆跡から子の姿や思いが伝わり、手元に置いて何度も読み返せます。もちろん一生に一度でなくても、何度送っても恩返し。親と会った後や、何か伝えたいとき、折々で感謝の気持ちを手紙にしたためてください。

042

親の年表を書いてみる

親が特に名を成した人物でなくても、人にはそれぞれ歴史があり、人生の起伏や感動的なエピソードがあるものです。親の生きた証しをまとめて子孫に伝える、というのも立派な恩返しだと思います。具体的に何をするかというと、親のこれまでの歩みを綴《つづ》った年表を作るのです。

１９４７年に豆腐屋の次男として広島市で誕生。１９６２年、中学３年生・市の書道大会で３位入賞～。大学卒業、就職、旅先の沖縄で出会った彼女と結婚、会社の業績が傾き転職、部長に昇格、胃がんが見つかり闘病、初孫誕生、定年退職……。

こうした年表を作るには、親に話を聞いて、写真などを見せてもらう必要があります。そこで親子の会話が深まり、苦労や功績をあらためて知り、尊敬や感謝の思いがより強まるでしょう。

年表からさらに発展させて自分史を作るという手も。自費出版で出版社に製作を依頼すれば、本として残すこともできます。

できたらチェック

Chapter

5

日常生活を快適に

毎日の家事動作には健康を維持する効果があります。身体活動の強さはメッツという単位で示され（※ＭＥＴｓ＝安静時は１・０メッツ）、たとえば「料理を作る」は２・０メッツ、「風呂掃除をする」は３・５メッツ、「掃除機をかける」は３・３メッツ。「階段を上る」は４・０メッツです。

親が自立生活をしているなら、今日できたことが明日もできるように、暮らしの環境をサポートしてあげましょう。

ただし、現実問題として老化は避けることができません。転倒などのリスクも高まっていきます。そこで子に求められるのは、親の身体機能や認知能力が低下したときのことを想定した対策です。

Ｃさん（80代・女性）は55歳で夫を亡くし、以来30年近く一人暮らしをしていました。ヨガ教室に通うなど、体は丈夫で元気でしたが、70代後半からもの忘れが多くなりました。80歳を過ぎると、認知症の症状が顕著になり、瀬戸物の急須を直接ガスコンロにかけたこともあります。帰省して、母親の危険な行動を目撃した娘さんは、その日のうちにコンロをＩＨ（電気）式に交換しました。これは正解です。**でも、認知症が進行する前にＩＨに切り替えていれば大正解でした。**

高齢になれば、自分でできる（と思っている）ことがあればあるほど、家の中でトラブルを招く危険も多くなります。しかし、その危険から親を守ることも、事前の対策で可能になります。

身体機能の衰えとともに、親の毎日の生活動作には〝不便〟が生じてくると思ってください。そして、**不便を解消する手助けをして、〝快適〟な生活を一日でも長く続けられるようにしてあげるのが子にできる恩返しです。**

この章で紹介する恩返しには、１００円でできるもの（47）もあれば、10分でできるもの（48）もあります。いますぐにできることから始めてみてはいかがでしょうか。

043

玄関、脱衣所にはイスを置く

できたらチェック

「片足で立ってみて」と、親にお願いしてみてください。ふらつきはないでしょうか？　足腰が弱くなると、片足で重心を取るのが難しくなり、転ぶ原因になります。日常生活の中には片足立ちになる瞬間があります。たとえば靴を脱ぐとき。**じつは玄関は転倒事故が起きやすい場所です。外出から戻ってきて気が緩むことも手伝って、靴を脱いでいる途中で転ぶケースが少なくありません。**

座った状態で靴を履いたり脱いだりすれば転倒は避けられます。玄関にはぜひイスを置いてください。座面の下に収納スペースがあるスツールでもいいでしょう。もしも玄関が狭く、イスを置きっぱなしにすると邪魔になるようであれば、折りたたみ式のイスが便利です。

着替えでズボンや下着を脱ぐときも片足立ちになります。浴室の脱衣所にもイスがあったほうがいいでしょう。そして、着替えるときは「安定した姿勢で座る」ことが習慣になるよう、親に促してください。

044

浴室用イスは座面の高いものに

どこの家庭でも浴室にはイスが置いてあると思います。でも、その高さを考慮していますか？　銭湯のイスと同じくらいのサイズでは、高齢者には低すぎます。前ページで述べた玄関や脱衣所のイスにも当てはまりますが、**高齢者にとって低いイスは、立ち上がるときに膝や腰に大きな負担がかかります**。

親の安全を思えば、いますぐ座面の高い浴室用のイスに買い替えましょう。親が変形性膝関節症などで要支援・要介護の認定を受けるほど足腰が弱っているなら、地域包括支援センターやケアマネジャーに相談してアドバイスを受けてください。場合によっては、病院やデイサービスなどの浴室でも使用されている介護用品を推奨されるかもしれません。介護用の入浴用イスは座面が高く、作りもしっかりしていて安定しています。背もたれや肘掛けが付いたものや、高さが調節できるもの、またコンパクトに折りたためるタイプなど種類も豊富。買うとなれば数万円はしますが、介護保険が適用されれば1～3割の負担で購入することができます。

できたらチェック

045

ベッドに起き上がり用の手すりを付ける

高齢になると、体のバランスを保つ働きを手で補おうとするようになります。杖や、階段の手すりは、そのために必要な器具です。言い方を換えれば、**足腰が弱っても“つかまるもの”があれば、日常の生活動作への支障は軽減できるのです。**

親が家の中で壁や家具をつたって歩いていたら、その動線に沿って手すりの設置を検討してください。そして、いずれは必要になるのがベッドの手すり。腹筋や背筋が衰えてくると、上体を起こす動作はどんどん困難になります。そうなる前にベッドに手すりを設置しておけば、動くときは「何かにつかまる」ことを普段から親に意識してもらえるようになると私は考えています。

手すりナシで生活できていると、人間の行動心理で「手すりなんかなくても大丈夫」と、設置を嫌がるかもしれません。そんなときは地域包括支援センターに相談してください。介護保険が適用されれば、手すりは一週間ほど無料で試せますし、専門家の提案ならば、親も「使ってみよう」と思うのではないでしょうか。

できたら
チェック

046 ドアノブを回転式からレバー式に交換

スキンシップのきっかけに親と指相撲をしてみては？　と、第3章に書きましたが、実際にやってみれば、親の握力が弱くなったと感じると思います。高齢になれば握力は低下します。**私が訪問先でしばしば耳にするのは、「ドアが開けにくい」という親世代の悩み。**

回転式のドアノブは、ひねって押す（引く）という動作に高齢者は不自由を感じることがあります。その場合は、ノブをレバー式に交換してあげるといいでしょう。

レバー式への変更は、介護保険で対象となる住宅改修の種類に含まれます。親が元気でも、まずは地域包括支援センターに相談し、要支援（要介護）の認定を受けられるかどうか確認してください。認定が下りれば支援センターの担当者が福祉用具専門相談員に依頼し、図面や見積書などを作成した上で、役所への事前申請も代行してくれます。

できたらチェック

047 ペットボトルオープナーをキッチンに

できたら チェック

ひねって開ける動作は、ペットボトルも同じ。キャップの固さは水道の栓以上ですが、この不便さは100円（税別）で解消できます。

ペットボトルオープナーはいろいろな種類が市販されています。、電動式のオープナーもありますが、お箸を使うくらいの握力があるうちは、100円ショップなどで扱っている安価なもので十分です。その多くに缶のプルトップを開ける機能もついています。冷蔵庫の近くやリビングのテーブルサイドに置いておくと、とても重宝します。

握力の低下は、循環器系の疾患や認知症のリスクが高まるという研究データもあります。できるだけ現状の握力を維持できるように努めてもらうことも大切です。「テレビを見るときはにぎにぎしてね」と言い添えて、ハンドグリップなどの運動器具をプレゼントするのも思慮深い恩返しになります。

048

物干し竿の位置を下げる

洗濯機が全自動になり「洗う」のはラクになりましたが、「干す」ことは高齢者にとって相変わらずの重労働です。自分の身長よりも高い位置にある物干し竿に、濡れて重くなった衣類を一つひとつ引っ掛けていく。腕を伸ばして高く上げる動作は、まだ元気であれば筋力維持の効果も期待できます。しかし、**足腰が弱ってきたら、バランスを崩して転倒するリスクが高まります**。

高齢者の中には、五十肩などで腕が上がらなくなった人もいます。洗濯物を干すのが「ツライ」「肩が痛む」と親が訴えていたら、取り急ぎ物干し竿の高さを低く調整してあげてください。

それでもまだ負担が大きいなら、洗濯物を干す場所を1階の室内の窓際などに変えましょう。部屋干しを好まない人もいますが、転倒のリスクと、親の自立生活の継続を考えれば、室内の低い位置に洗濯物を干すようにしたほうが望ましいと思います。将来的には乾燥機つき洗濯機への買い替えも検討しましょう。

できたらチェック

049

テレビスピーカーを設置

独居高齢者の家に寄せられる苦情の上位に「騒音」があります。耳が遠くなれば、テレビやラジオもボリュームを大きくしなければ聞こえません。近所の迷惑になっていることに気付かず、大音量で一日中テレビやラジオをつけている。もしも、それが自分の親だったら……。子の立場なら耳が痛い問題でしょう。

見たり聞いたりするつもりがなくても、テレビやラジオを日常の習慣としてつけっぱなしにしている一人暮らしの高齢者は意外に多いものです。朝起きたら真っ先にテレビをつける。そうする理由は、習慣であると同時に「活動している」という安心感が得られるからかもしれません。

「見ていないなら消して」と、親に言うのは簡単です。しかし、とくにやりたいことがなければ親は時間を持てあまします。「うるさい」と言って家族にテレビを消されると、ベッドに入って寝てしまう高齢男性もいました。これでは一日の大半をベッドで過ごすようになってしまいかねません。

できたらチェック

親が見ているテレビの音量が大きくなってきたら、テレビスピーカーを使ってみてください。手元に置いておけるテレビスピーカーなら、部屋中に響く大音量にしなくても音声が耳に届きます。小型のタイプはテーブルの上に置いても邪魔にならず、ワイヤレス方式ならコードに足を取られることもありません。

高齢になればなるほど、日常生活には不便が生じてくるものです。でも、高齢者が多い社会になったことで、不便を解消する機器やグッズもたくさん開発され、市場に出回るようになりました。親の世代が若かった頃には存在しなかったパソコン、スマホ、インターネットを使った技術やサービスも、どんどん進化しています。それらを上手に活用すれば、親の暮らしを快適に保つことは、それほど難しい課題ではなくなってきたと私は思っています。

肝心なのは子の考え方。安全で快適な親の日常生活をプロデュースするのは子の役割です。

050

ロボット掃除機を導入

親が生活している居間などの床にほこりが目立つ……。高齢になって掃除が億劫になることには理由があります。まず、掃除機をかける姿勢は腰への負担が大きい。そして、認知能力の低下で身の回りのことを気にしなくなります。そういう事情が理解できるなら、掃除を無理強いせずに、ロボット掃除機をプレゼントしてはどうでしょう。

「ルンバ」など、ロボット掃除機の価格はピンキリですが、それほど高額ではない機種でも、最近の製品は非常に性能が優れています。設定しておけば毎日決まった時間に掃除を始めるし、1～2センチの段差ならラクラク乗り越えます。

私の知る範囲では、ロボット掃除機に対する高齢者の評判は上々。珍しさと驚きもあって「ペットみたいでカワイイ♪」と、名前をつける人もいます。部屋の中を自走するロボット掃除機はきっと親にも喜ばれると思います。

できたら
チェック

Chapter

6

健康管理の手助けを

私がケアマネジャーとして担当しているDさん（女性）は、いま96歳。耳が遠いくらいで持病もなく、ここ数年、風邪もひいたことがありません。Dさんみたいな〝医者いらず〟でいられたら家族も幸せですが、これは非常に稀《まれ》なケース。高齢になれば、身体のどこかに不調があり、定期的に医者の世話になる人がほとんどです。入院や手術が必要な病気になれば、大きな病院に通うことになります。けれども、健康維持や生活全般に関して頼りになるのは、大病院の専門医ではなく、身近な診療所の総合医（かかりつけ医）です。

みなさんは、自分の親のかかりつけ医に会ったことはありますか？「ない」と答えた人は親に付き添って、一度は面識を持ってください。

付き添ったときは、かかりつけの医師と親とのコミュニケーションを注視してください。高齢になると、自分の症状や要望をきちんと医師に伝えられないことがあります。医師の問診に対して、うまく説明ができていないと思ったら、家族が代弁してあげなければなりません。その際、病気の症状だけでなく、たとえば「体重が減った（増えた）」「3日前に下痢をした」「食が細くなった」「もの忘れが多い」「熟睡できない」「階段を上がるのがしんどそう」「親戚が急死して精神的に落ち込んでいる」といった、親の日常に関する情報も医師に伝えるようにします。病気とは関係のない「慢性的な腰痛」などの悩みも、相談すれば内科医でもシップなどの処方はしてくれます。

医師の指示を親が正しく理解できるかどうかも大事な点です。注意事項はメモを取るなどして、帰宅後に子からも念押しできるようにしておきます。親がすぐに忘れてしまうようなら、紙に大きく書いて目立つ場所に貼っておくといいでしょう。

親が定期的に通院しているなら、家族が毎回付き添えることがベストですが、離れて暮らしている子には対応が難しい問題です。そういう場合は「なるべく付き添いたい」といったあいまいな返答はしないこと。どれくらいの頻度で帰省しているのか、どの程度のケアをしているのか、将来的にどんな介護形態（引き取って同居、または施設入所等）を考えているのかなど、子の側の事情と意向もかかりつけ医に伝えておきます。

子が頻繁に親の様子を見に来られる場合と、めったに帰省できない場合とでは、医師の指示も変わることがあります。家族を見て患者を差別することはないと思いますが、親孝行な子がいるとわかれば、医師の心証は決して悪くはならないでしょう。

親の世代には「お医者さんは偉い人」という認識が少なからずあります。子が言っても聞かないことでも、かかりつけ医から言われると素直に従うことも。たとえば「お菓子を食べすぎる」といった生活習慣も、かかりつけ医から注意をしてもらえば素直にあらためたりします。

医療は健康管理の〝要《かなめ》〟。親が医師や医療機関と上手につき合っていけるよう、しっかりサポートしてあげてください。

051 薬カレンダーを用意する

親が医師から薬を処方されているなら、〝飲み忘れ〟を気に掛けてください。ぜひやってほしいのは、「薬の見える化」です。1回分（または1日分）の薬を小分けして管理する「薬カレンダー」は、壁掛け式やピルケース型など、いろいろなタイプが市販されています。朝、昼、夜、就寝前と、飲む薬が一目でわかれば、飲み忘れていないかどうか、親も自分の目で確認できます。

老いとともに薬の種類が増える人もたくさんいます。いつ、どの薬を、何錠飲むのか？　間違わないように家族が薬カレンダーに小分けしてあげれば安心ですが、離れて暮らしているなら薬剤師に役目を担ってもらう方法があります。２０１６年に「かかりつけ薬剤師」が制度化され費用はかかりますが、指定した薬剤師には訪問指導を依頼できるようになりました。薬の管理だけでなく、調剤薬局の時間外でも電話で薬や健康管理などの相談にのってくれますから、利用できる選択肢として考えておくといいでしょう。

できたらチェック

052

薬ゼリーを用意しておく

続けて「薬」のお話です。高齢者に多い薬のトラブルに誤嚥《ごえん》があります。年齢とともに嚥下力（飲み下す機能）が低下し、口に入れたものが喉を通った後に食道ではなく気管に入ってしまうと、誤嚥性肺炎を引き起こす原因になります。意外に思われるかもしれませんが、誤嚥しやすいのは食べ物よりも飲み物。食事のときも誤って気管に入りやすいのはみそ汁やスープなどで、ドラッグストアには水分の誤嚥を防ぐための「とろみ剤」も売られています。

その意味で、薬を飲むときの水も気を付けなければなりません。対策として有効なのが、市販もされている服薬ゼリーです。錠剤をゼリーで包み込み、スプーンですくって服用する服薬補助製品で、介護施設などでも広く使用されています。

服用する薬の種類が多い場合は、処方する医師に頼んで一回ごとの「一包化」を調剤薬局に指示してもらうといいでしょう。あらかじめ錠剤が取り出してあると、パッケージ裏面のアルミの切れ端を誤って飲んでしまうトラブルもなくなります。

できたら
チェック

053

電子血圧計を購入して計測と記録を促す

できたらチェック

親自身にも健康への意識を持ってもらうために、あるほうがいいと私が思うのが血圧計。家庭用の電子血圧計は、最近ではコンパクトで精度の高いものがたくさんあります。

一日数回、少なくとも朝と晩の2回は、血圧を測定することを親に促してください。大事なのは、測ったら「記録する」こと。おくすり手帳ほど一般的ではありませんが、病院や調剤薬局には「血圧手帳」を無料配布しているところもありますし、市販品もバリエーションが豊富です。

毎日の血圧を記録することが習慣になったら、親をホメることを忘れないでください。数値を聞いたら、「最近、安定しているね」「この日は高かったけれど体調に問題はなかった？」と、あなたがいつも気遣っていることも伝えます。手帳に直接書き込むのもいいでしょう。子のそういう態度が、親にとっても測定と記録を続ける励みになります。

054

歯科・眼科・耳鼻科に連れて行く

親自身が不調を訴えていなくても、「最近、衰えてきたなぁ」と感じ始めたら、なるべく早めに一度は歯科、眼科、耳鼻科へ連れて行くことをおすすめします。

「老化は歯から始まる」ともいわれます。痛くなったら行くのではなく、痛くなる前に行くのが歯科。痛みがなくても、固いものが噛めなかったり、入れ歯が合わなくなっていたりすると、食事の偏りや食欲の減退を招き、健康状態に直結します。また、歯周病を患っていると、心疾患や脳梗塞のリスクが高まるという研究データもあります。検診を受けて、治すところは早期に治す。健康な歯と歯茎を維持するために、歯みがきの指導もお願いするといいでしょう。

目も顕著に老化します。**視力の衰えは「視認性」の低下につながり、床のほこりやガラスの破片に気付かなかったり、段差を見落としたりする要因にもなります。**

老眼は早い人で40歳くらいから始まります。近くのものが見にくくなったと、早くから老眼鏡を使用している人も少なくありませんが、老眼は進行します。親が老

できたら
チェック

眼鏡を持っているなら、度が合っているかどうか、きちんと検査してもらってください。

高齢になれば白内障や緑内障の検査も必須です。白内障は手術で治る病気ですし、緑内障は早めの治療で進行を遅らせることができます。いずれも初期段階では自覚症状がほとんどない疾患ですから、検査を受けるきっかけは子がつくってあげてください。

そして耳です。年をとって「耳が遠くなった」と高齢者が訴えるのは加齢性難聴（老人性難聴）の症状で、65歳を過ぎると増えてきます。75歳を過ぎると7割以上の人が発症するともいわれますから、親の話し声が大きくなってきたり、「えっ、なに？」と聞き返す場面が増えたりしたら、耳鼻科で聴覚検査をしてもらうといいでしょう。

ですが、残念ながら難聴の治療法はまだありません。対策としては補聴器をつけることになりますが、補聴器は介護保険が使えません。２万～３万円台の製品が販売されている一方で、耳鼻科の検査結果をもとに補聴器取扱店でオーダーメイドすると両耳で30万～50万円くらいします。

補聴器は「合わない」「雑音が気になる」といって使用をやめてしまう人もいれば、「音がクリアになって会話が楽しくなった」と喜んでいる人もいます。購入した機器の性能差もあるかと思いますが、**耳がよく聞こえない状態は認知症が進行する一因になりますから、親が嫌がらなければ補聴器はつけたほうがいいのではないでしょうか**。

高齢者の聴力は少しずつ低下していきます。高額な補聴器にはアフターケアとして音質や音量の調整ができるものもあります。後々のことを考えると、性能のいい補聴器を親に使ってもらうことは、決して高い買い物ではないのかな？　という気もします——。

歯も、目も、耳も、老化を止めることはできません。親の生活状況を温かく見守りながら、定期的に検査や診察を受けさせることが、元気に長生きしてもらうために欠かせない恩返しになると私は思います。

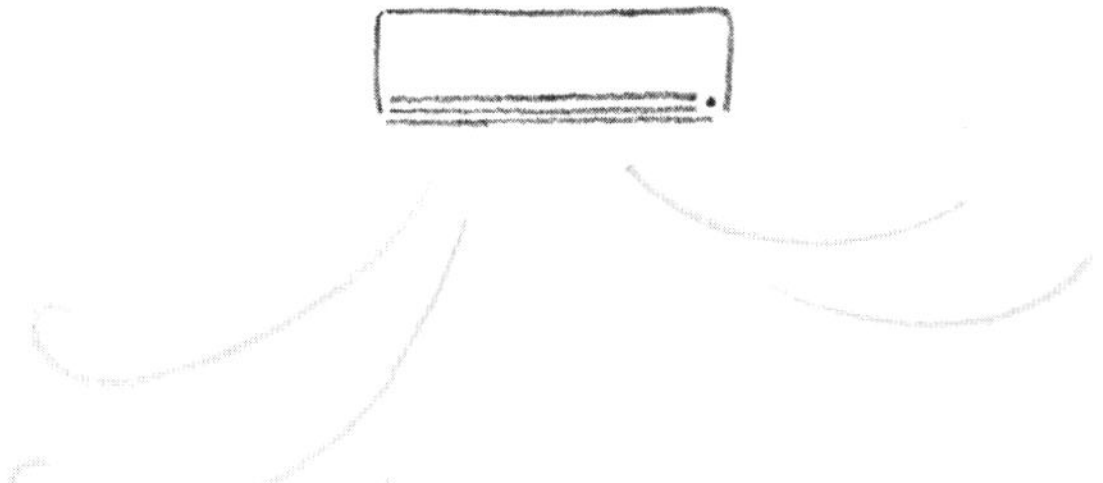

Chapter

7

暑さ、寒さを
ガマンしがちな
年代です

年をとると、皮膚の感覚が低下して、暑さ寒さを感じにくくなります。特に暑さには鈍感。私の父もそうでした。晩年は夏でもずっと長袖のシャツを着ていて、「暑くないの?」と聞いても、「うん。暑くない」と平然としていて、汗だくにもならないのです。

高齢者は体温調節機能が低下し、出せる汗の量も減少するため、熱中症のリスクが高くなります。

消防庁の調査によると、熱中症で緊急搬送される人の5割以上が65歳以上。若年層では屋外での運動中や仕事中に起こることが多いですが、高齢者は自宅など屋内で多く発生し、そのうち9割はエアコンを使用していなかったというデータもあります。

今の高齢者は、エアコンなど空調設備が普及していない時代に育った世代。「自然の風で涼めば大丈夫」という健康意識から冷房を避ける人や、「電気代がもったいない」と暑くてもガマンする人もいます。

しかし、健康への過信と我慢は非常に危険。「オレは元気だから、暑さなんか平気だ」と言っていても、実際は、感覚が鈍感になっているから暑くないわけです。過信とガマンは熱中症のリスクを高めますし、高齢者は熱中症になった場合に重症化しやすく、死に至ることもあります。

高齢の親は暑さを自覚しにくいということを理解して、子は助言やサポートをする必要があります。親が「電気代がもったいない」と言い張るなら、「それで熱中症になっちゃったら、何十倍も医療費がかかるのよ」と説得する。もし本当に親が生活費に困っているなら、「光熱費は私が負担するから気にせずエアコンをつけてね」と。いくら電気代がかかるといっても命には代えられません。ことエアコンに関しては「もったいない」と思わせないことが大事です。

もう一つ、重要なのが水分補給。高齢者はのどの渇きに対する感覚も鈍く、そのうえ、体内の水分量が若者より少ないため、それほど多くの汗を出さなくても脱水症に陥りやすいのです。「夜中に何度もトイレに行くのがイヤだから」と水分を控えるのは危険。腎臓や心臓の機能の低下により一度に多くの水分を摂ることが望ましくない場合もあるので、こまめに水を飲むことが大事です。すぐ手にとれるところに水のペットボトルを置くなど、常に水分を摂取できる環境にし、枕元にも水を用意し、就寝前と起床時、トイレに起きたときなどにも水分補給するように促しましょう。

暑さに比べると寒さには敏感な高齢者が多いものの、たくさん着こんで、エアコンなどの暖房をつけずにガマンしてしまう人もいます。加齢とともに特に女性は冷え性が増加します。筋肉量が減って発熱する力が弱まり、体温を上げにくくなるからです。

冷えは万病の元。免疫力が下がり、感染症などの病にかかりやすくなり、血行不良による関節痛の原因にも。ですので、冬の暖房も「もったいない」は禁句。親が適切な室温で暮らせるように対策を講じることは、〝命を守る〟恩返しになります。

055

夏の間、リモコンの「暖房」を押せないようにする

認知能力が低下してくると、暑い寒いなどの状況に応じてエアコンを適切に操作することが難しくなります。私がケアマネジャーとして担当したお宅でも、こんなことが起きました。80代後半のご夫婦で、認知症の夫を妻が介護していたのですが、妻も高齢ゆえ判断能力が低下していました。**暑いさなかの8月上旬、介護ヘルパーが訪問すると、エアコンからなんと温風が出ていたのです！**

室内は異常な暑さ。妻は意識が朦朧《もうろう》としていて、すぐに救急搬送され、事なきをえました。どうやら夫がリモコンの「暖房」ボタンを押してしまい、妻もそれに気づかなかったのです。

こうしたケースは珍しくなく、各地で起きています。親の認知能力があやしくなったら、夏前に、リモコンの「暖房」ボタンに×印のシールを貼るなどして、押せないようにしましょう。冬は逆に、「冷房」のボタンに×印シールを。物理的に押せない状態にしてリスクを回避しましょう。

できたらチェック

056

スマートエアコンに買い替える

暑さを感じにくくなった高齢の親は、たとえ室温が30度でもエアコンをつけないかもしれません。親自身に温度管理をさせるのは不安だと感じたら、対策として「スマートエアコン」に買い替えるのがおすすめです。

スマホの専用アプリと連動して、遠隔操作できる機能がついているのがスマートエアコンです。**離れて住んでいても、子のスマホで、親の家のエアコンの使用状況や室温をチェックして、電源オン・オフや、室温設定などを操作できます**。つまり、スマホで親の室内環境を見守り、快適な室温を保てるよう管理できるのです。大手電機メーカーのほとんどが発売しているので、検討してみるといいでしょう。

エアコンを買い替える予定がない場合は、「スマートリモコン」を購入すれば、現在使用しているエアコンでも、遠隔操作できます。ただし、赤外線通信に対応していないエアコンは対象外なので、購入前に確認してください。

できたらチェック

057

遠隔でチェックできる温度・湿度計を居間に設置する

室内での熱中症対策として、もう一つ有効なツールを紹介します。遠隔監視ができる温度・湿度計です。

環境省が夏の室内温度の目安としているのが28度。ですが28度に設定していても、冷風が直に当たるところと、離れたところでは2～3度違ったりします。ですので、エアコンの設定温度が28度だから大丈夫と安心はできないのです。ことに**夏の夜間は要注意。熱中症の4割は夜間に発生しています**。親に電話やメールをして様子を伺うことも必要です。

とはいえ毎日連絡するのは大変。親が普段過ごすリビングや寝室に遠隔監視できる温湿度計を置けば、子のスマホアプリで温度と湿度を確認できます。室温が30度以上になったら通知する、といったアラート通知機能が付いたものもあり、家電量販店などで2000円前後で購入できます。

なお、快適な環境には湿度も重要。40%から60%が適湿です。

できたらチェック

058

日傘や日よけ帽子を贈る

猛暑日の11時〜15時は、炎天下を歩くと身の危険を感じるほどの暑さです。高齢の親には、できるだけ日中の時間帯に外出しないように注意喚起してください。とはいえ、通院や人との約束などで昼間出かけることもあるでしょうし、朝や夕方でも夏の日差しは強烈です。熱中症予防と紫外線対策を兼ね、日傘や帽子をプレゼントしてはいかがでしょう。傘も帽子も、デザインや使い心地など本人の好みがあるので、一緒に選び、本人が気に入った品をプレゼントしましょう。きっと親は、娘や息子が買ってくれたのだから愛用してくれます。

また、**携帯用のウォーターボトルも外出時の必須アイテムとして一緒に購入してはどうでしょう**。暑い時期はもちろん、秋冬でも高齢者は脱水症になりやすいので、こまめな水分補給が大切です。

できたら
チェック

059

浴室や脱衣場、トイレに暖房を

冬場、気を付けたいのがヒートショック。急激な温度変化によって血圧が乱高下し、脳内出血や心筋梗塞などを引き起こします。ヒートショックによる関連死は年間1万7000人にものぼり、その8割が高齢者です。

リスクが高いのが、お風呂場です。温かい部屋から寒い脱衣所に移動して服を脱ぎ、寒い浴室に入ると、一気に血管が縮んで血圧が上昇します。これを防ぐには、前もって脱衣所と浴室を温めておくこと。脱衣所用の暖房機として、壁に設置できる遠赤外線ヒーターや足元ヒーターなどが市販されています。浴室の暖房機は天井などに設置するため工事が必要で、費用もかさみます。浴室に入る前に、浴槽の蓋《ふた》を開ける、熱いシャワーを床や壁にかけて湯気をたてる、といった方法で浴室内の温度を上げてから入浴するよう促しましょう。

トイレもリスクが高い場所。暖房便座の導入に加え、羽織りを着てカイロを持ってトイレに入るなど、冷えない対策を親に伝えておきましょう。

できたらチェック

060

厚手の下着や靴下をプレゼント

高齢になると、特に女性は冷え性に悩む人が増えます。そのため寒くなると、どうしても服を着込みがち。しかし、これがよくないのです。着込むと動くのが億劫になり、ずっとこたつに入ってテレビを見たりするので、筋肉が衰えてしまいます。筋肉量が減ると、発熱する力も弱まり、悪循環です。

古来から「頭寒足熱」という言葉があるように、健康な状態にするには、足元を温めることが基本。足元を温めれば血流が促され、冷えも緩和されます。そこで、親に温かい厚手の靴下を贈ってください。もこもこした裏起毛や、ウールやアンゴラ混の保温性が高く蒸れない素材など、今は機能的に優れたものが開発されています。加えて、吸湿発熱繊維の温かい肌着や腹巻も一緒に。足元とインナーが暖かければ、上は着込む必要がないので、親も快適に動けると思います。動けば体も暖まり、筋肉もつきます。靴下や肌着など、もらった日から使える実用品は親から喜ばれます。

できたらチェック

Chapter

8

もしもの
事態に
備えておく

高齢になると、いつ何が起こるかわかりません。突然、脳梗塞で倒れることもあれば、段差につまずいて骨折することも起こり得る。離れて暮らす高齢の親への心配は尽きません。**心配をゼロにはできないけれど、起り得る事態を想定して、備えておくことは、親への恩返しであり、自分が心穏やかに過ごすうえでも大切です**。

離れていると、親に何かあったとき、自分がすぐに駆けつけて対応することができません。備えとしては、まず〝人〟です。頼りになるのは、ご近所さんや民生委員など地域の福祉を担ってくれる人たち。帰省時には挨拶をして、つながっておくことがセーフティネットになります。また、高齢者世帯向けの、

民間の見守りサービスを利用するのも選択肢の一つです。

さらに心配なのが、地震、津波、台風、集中豪雨、といった自然災害。**足腰が弱った高齢者は逃げ遅れるリスクが高いので、災害時の備えは子が整えてあげましょう。**家の中をチェックし、できるだけ安全な状態にしておくこと。いざというとき、どう行動したらいいのか、避難の方法も伝えておいてください。

もしものときの連絡ツールとしても、今やスマホは生活必需品。

高齢者の中には、電話しか使わないからガラケーで十分、とスマホを敬遠する人もいます。しかし、世の中の流れが、スマホがないと病院の予約もとれない、買い物もできない、という方向に進んでいます。**できるだけスマホに買い替えることをおすすめします。認知能力があるうちに覚えないと、もう一生使えません。覚えるのは、一日でも〝若い〟ほうがいい。善は急げ、です。**

次のページから、子が親のためにやっておきたい具体的な〝備え〟についてお話しします。

061

スマホの使い方を教える

理解力が低下した親に教えるには忍耐を要します。自治体などで行っている1から基礎を教えてくれる、シニア向けのスマホ教室の活用もおすすめです。

まずは、家族や友人など大切な人と確実に連絡がとれるよう電話番号を登録しましょう。世界中どこにいてもつながれるメールやLINEは、もしものとき安否確認をするうえで必需。家族のグループラインを作り、家族で撮った写真を送ったり、孫とビデオ通話で話したり、日頃から楽しいやりとりをすれば、親も次第に使い慣れてくると思います。写真や歩数計など、親が興味を持ちそうなジャンルから取り組んでもらうのもいいでしょう。**後日、親が復習できるよう、操作法を紙に書いておいてください。自分で操作することが大切です**。

また、親が嫌がらなければGPSによる位置情報の共有もしておきましょう。グーグルマップアプリで「現在地の共有」をすることで、親が今どこにいるかを把握できます。

できたらチェック

062

寝室やリビングの大きな家具を固定する

活断層の多い日本は全国どこに住んでいても地震に遭うリスクがあります。今一度、親の家の地震対策を確認してください。食器棚や本棚、洋服ダンスなど背の高い大きな家具は固定します。天井と家具の間に転倒防止用の突っ張り棒を設置する、壁との間に家具転倒防止のストッパーを取り付ける。食器棚などの観音開きの扉は、中の食器が飛び散るのを防ぐため、扉の取手にドアロックを取り付けておくといいでしょう。

寝室には家具を置かないのがベストです。ただ住宅事情にもよるので、家具の置いてある部屋で寝る場合は、倒れたときの状態を想定して、家具から離れた位置にベッドやふとんを置きます。

親の身の安全のためにも、背の高い大型家具はなるべく処分して、今の暮らしに合わせて物を減らすことも防災になります。

できたらチェック

063

見守りカメラや人感センサーを設置する

できたらチェック

老夫婦のみや独居で暮らす世帯の様子を確認するシステムが、各社から発売されています。一つは、見守りカメラです。カメラを設置すると部屋の中を撮影して記録。それをあらかじめ登録してあるスマホで見ることができる、というのが基本的な機能です。カメラが人の動きを検知したらスマホに通知がくる動体検知機能や、音声会話ができる、夜間の暗い場所でも撮影できる、といった機能を備えているものもあります。

ただ、見守りカメラは親がイヤがるケースも少なくありません。私が担当した一人暮らしの80代の女性もそうでした。娘さんが、母親が室内で転倒しないか心配だからと、母親の家に見守りカメラを設置したのですが、「いつも監視されているようで、気持ち悪い。落ち着かない」と母親が言ったため、結局、撤去することになりました。

代わりに取り付けたのが人感センサー。居間や廊下、寝室など、親が普通に生活

していれば必ず通る場所にセンサーを設置して、一定の時間その場所を通らないとセンサーが反応して、「異常事態」と判断し、子のスマホに通知がくるというものです。

また、いつも使っている家電製品の利用状況から、親の異常を知らせてくれるサービスもあります。代表的なのが、20年以上前に開発されたロングセラー、象印の「みまもりほっとライン iポット」です。電気ポットに通信機能がついていて、ポットの使用状況を、指定の時刻にメールで知らせるというサービス。空焚きや長時間未使用などの異常も通知してくれます。料金はポットのレンタル代と、サービス利用料として月3300円（税込）かかります。

この他、冷蔵庫の扉の開閉や、テレビのオン・オフを、子がスマホアプリでチェックできるといったサービスもあります。最近は、IoT（物のインターネット）技術が進んでいるので、親の見守りに、こうした家電を活用するのも一案です。

064

民間の見守り訪問サービスを利用する

できたらチェック

子にとって一番心配なのは、親の身に何かあったときです。たとえば急に胸が苦しくなってうずくまったとき、離れていると気付くことさえできません。**早期発見・早期治療は命を守る基本。自分が傍にいてあげられない代わりに、呼べばすぐに駆け付けてくれる見守り訪問サービスを利用するのも、恩返しの一つの形です。**

大手ではアルソックとセコムなどが見守り訪問サービスを提供しています。コントローラーのボタンを押す、ペンダントを握るなどの方法で通報すると、警備員が駆け付けて、必要に応じて救急車を呼んだり、病院に連れて行ってくれます。

子のスマホにも見守り情報が送信され、「親の様子を見に行ってほしい」と要請することも可能です。費用はサービス内容によって異なり、アルソックのみまもりサポート「お買い上げプラン」の例を挙げると、機器費と設置費の初期費用が7万565円、月額費用が1870円（各税込）必要です。

065

配食弁当や乳酸菌飲料の契約をし、配達の際に確認してもらう

毎日のように家にお弁当を届けてくれる配達員さんに、見守りや安否確認をお願いする、という方法があります。多くの自治体で〝配食見守りサービス〟を実施しています。**自治体と連携する配食業者と契約すると親の家にお弁当を配達する際に、親の様子を見て、異常を感じたら、家族に連絡してくれる、というサービスです。**

毎回、手渡しで届けてくれるので、ちょっとした会話もするでしょう。ひとり暮らしの親にとっては話し相手になってもらえるメリットも。料金は弁当の実費のみで、見守り費用はかかりません。対象は65歳以上のみの世帯など、自治体によって条件は異なります。

同様のサービスを１９７０年代から行っているのが、「ヤクルト」。ヤクルトレディが、一人暮らしの高齢者宅に届ける際に、異変があったら自治体や警察に連絡するという取り組みを全国の拠点で行っています。

できたらチェック

066

帰省土産はお隣にも。声がけをお願いする

昔なじみのお隣さん、親が毎朝通う太極拳の仲間、ママ友以来の親友……など、近所に住み、親が日常的に交流している人たちは、親のセーフティネット。「あら？山田さん、今朝は太極拳に来ていないわね。どうしたのかしら」と家を訪問してくれたり、腰を痛めて動けないときは、「ゴミ、ついでに私が出しておくね」とゴミ集積場まで運んでくれたり、地震のあと「無事だった？」と声をかけあったり。**いざというとき、頼りになるのは、まさに「遠くの親戚より、近くの他人」です**。

帰省の際には、こうした人たちに挨拶をしておくのが、子の役目。特に親が懇意にしているご近所さんや友だちには、手土産を持って、「いつも母（父）がお世話になっています。最近ちょっと足が悪くて早く歩けないので、地震や何かあったときは声をかけてやってください」などとお願いしておきます。そのためにも親の交友関係を把握することが大切。わからなければ、親に聞きましょう。また、その人たちの電話番号など連絡先を子も共有し、いざというとき、連絡を取り合えるよう

できたら
チェック

にしておくと安心です。

親が住む地域の自治会長や民生委員にも挨拶をして面識を作っておくことをおすすめします。民生委員は高齢者や障碍者などの生活や福祉に関する相談にのり、状況に応じて情報提供や生活支援をしてくれる心強い存在。自治体から民生委員に高齢者世帯のリストが渡され、各家を訪問してくれますが、帰省のときには、こちらから連絡して、顔を合わせておき、子の連絡先を伝えておきましょう。いざ親のことで困ったり、助けが必要なとき、相談しやすいと思います。もし親が住む地区の担当の民生委員がわからない場合は、役所に問い合わせれば教えてもらえます。

自分の子どもが「親をよろしくお願いします」と周りに言ってくれることは、親の立場からすれば、うれしいもの。「いい息子（娘）さんだね」なんて言われれば、なおうれしいはずです。子どもが親を思う姿は、周りから見ても微笑ましいですから、自然に協力してあげようという気持ちになるものです。子のちょっとした心遣いが、親の緊急時に大いに役立つのです。

067

防災グッズ一式を用意する

できたら
チェック

巨大地震が30年以内に70%の確率で起こるといわれており、集中豪雨などの水害も増加しています。自然災害への備えは急務。すでに用意しているお宅も多いと思いますが、改めて、親の家の〝防災グッズ一式〟（非常用持ち出し袋）の中身を確認してください。

水、携帯食、現金、懐中電灯、携帯ラジオ、笛、電池、下着、タオル、携帯用トイレ、アルミブランケット、ウェットティッシュ、マスク、絆創膏や包帯といった応急手当用品などに加え、**高齢者の場合は尿とりパッドや持病の薬も必要です**。親に忘れないよう伝えましょう。

防災グッズ一式は軽いリュックなどに入れて、玄関や寝室など親がすぐ手に取れる場所に置いておくことが大切です。

068

指定避難所に一緒に行っておく

できたら
チェック

地震や水害が発生して、避難所に逃げる際に、行き慣れていない場所だと、迅速に目的地へと向かえないものです。**帰省したときに親と一緒に、地区の避難所までの往復の道順を確認し、どう避難するかのシミュレーションをしてください**。また、自治体のハザードマップも確認し、親の家の津波や浸水、土砂災害の危険度を調べておきましょう。

高齢者の場合、「警戒レベル３」が発令されると、避難を勧告されます。ただ足腰が弱い高齢者は、大雨の中、避難所まで行くこと自体が転倒などのリスクを伴います。避難所に行ったとしても、体育館などでの生活は高齢者には厳しいものです。たとえば自宅が２階建てで、１階は床上浸水しても、２階の安全が確保できるならば、生活必需品を２階に移して在宅避難、または近くの旅館に泊まるという選択肢もあります。さまざまな事態を想定し、親の避難方法を考え、リサーチと準備をするのは、子の役回りです。

069

避難者カードを事前に準備しておく

避難者カードとは、避難者の身元確認や、必要な支援を行うための情報を記載したシートです。自治体によって記載事項は異なりますが、生年月日や緊急連絡先、要介護度、服薬の状況等を記入します。

避難者カードは、避難所に入所する際に必要で、受付で提出を求められます。在宅避難の場合も、避難所で物資の配給を受けるときに必要。災害に遭ったときに記入すればいいのですが、高齢者は気が動転して正確に記入できないこともありえます。ですので、子がいるときに、前もって役所などで用紙をもらって作成し、非常用持ち出し袋に入れておくのがおすすめです。

また、要介護3以上などの人を対象に「避難行動要支援者名簿」が作成され、自治体から書類が送られてきます。親に届いたら、必要事項を記入して必ず提出してください。**親の情報は民生委員、防災組織、地域包括支援センターなどに共有され、災害時の支援に活用されます**。

できたらチェック

Chapter

9

親の交友関係をサポートする

これまで本書では、年をとって体が衰えて認知能力が低下しつつある親を守りましょう、できるだけ会ってスキンシップをとりましょう、と繰り返しお伝えしてきました。

とはいえ、現実的に、離れて暮らす親と一緒に過ごす時間はそんなに多くありません。遠方の場合、お盆にお正月、年に2回の滞在がせいぜいという人もいると思います。親は、ほとんどの時間を、老夫婦または一人で暮らしているのです。いくら子どもが帰省して楽しい時間を共有したとしても、日常がつまらなければ、親が不憫です。

子の幸せを願わない親はいないといいますが、逆も真なり。本書を手に取ってくださったみなさんも、親の幸せを願っているはず。

では親の幸せって何でしょう。親には親の世界があり、人間関係があります。毎朝のウォーキングを一緒に楽しむ仲間、「膝が痛いなら、あそこの整形外科がいいわよ」と有益な情報を届けてくれるご近所さん、時々ランチを一緒にする仲良しグループ、グチでも何でも心置きなく話せる友人……そういう交友関係があれば、子どもが傍にいなくても、子どもに寄りかからなくても、親は自分の人生を充実させることができるのです。

幸せを左右する大きな要因が交友関係だと私は思います。

「お母さん、来週末、時間が作れるから、帰省するね」
「あら、その日は、俳句仲間の中村さんと日帰り旅行に行く約束をしているの。ごめんね。来るなら来月がいいわ」

娘の電話に、そう返事をする母。母には母の予定があるのです。このくらい社交的でアクティブな親のほうが、子も安心ですし、親自身も幸せだと思います。もし自分の親が、子や孫と会うことだけを楽しみに日々生きていたら、子としては気が重いし、親のことを考えると切ないですよね。

交友関係は、脳と体の健康を保つうえでも、とても大切。「人は感情から衰える」と言われます。若い頃は楽しいと感じられたことも、年をとるとそんなに楽しめなくなるのです。でも、元気な老人は、よく笑うし、表情も豊か。感情を老化させない秘訣は三つあります。

趣味を持つ、適度な運動をする、人と会話する。

趣味があれば、そのことに夢中になって、喜びや楽しみの場面も増えます。人との交流も生まれる。運動は、屋外で汗を流せば「気持ちいい」、勝負をして勝てば「うれしい」と、さまざまな感情が湧きます。一人より集団で行うスポーツのほうが、より効果的といわれています。仲間がいたほうが長続きもするでしょう。

朝、寒くて、ラジオ体操に出かけるのが億劫なときも、「いつもの仲間に会いたいから、行こう」と、仲間の存在がモチベーションになります

趣味、運動、会話、この三つはすべて

〝交友〟とリンクしているのです。

人と会う機会があれば、身だしなみにも気を遣います。会話をすれば脳も活性化しますし、会話を通して世の中の情報も入ってくるので社会性も維持できます。**高齢者にとって、友だちや仲間の存在は、生活にハリをもたらし、人生を豊かにしてくれるのです。**

ですが、年をとるに連れて、お互いにわがままになったり、交流が面倒になったり、ちょっとしたきっかけで縁が切れてしまうことも。会いたくても連絡先がわからない、ということもよくあります。

それを手助けしてあげるのが、子の恩返し。**親が大切にしてきた交友関係を保てるように、新たな出会いや仲間づくりができるようにサポートすることは、親の人生を豊かにする、とても意義のある恩返しといえます。**

070

親の友人や、その子ども同士でつながる

帰省の際には、親の友人やご近所さんにも手土産を持って挨拶しましょう、と前章でお伝えしました。それには、親の交友関係を把握し、連絡先を聞いておくことが必要です。昔はみなさん、手書きの住所録や電話帳を作っていたものですが、年をとると、連絡先の管理も難しくなります。

高齢者は施設に入ったり、子どもの家で世話になったり、固定電話を解約したりと、住所や電話番号が変わる人も多いため、いざ連絡をとろうと電話をかけたら、「この番号は現在使われておりません」とメッセージが流れた、ということも。

ですので、一度きちんと、親の住所録を更新してください。親から交友関係を聞き取り、改めて住所録を作りましょう。手書き、もしくはパソコンで作成してもいいですが、必ず紙に印刷して親に渡してください。少々手間がかかりますが、これは大事な恩返しです。

その際に、疎遠になっている友人には、電話番号の確認を兼ねて、子から電話を

できたら
チェック

かけ、「○○の娘です。母が声を聞きたいと言っておりますので〜」と仲立ちして、話す機会を作ってあげるのも、子の心遣い。それがきっかけで再会し、交友関係が復活することにつながります。

親が特に親しくしている近所の人とは、子もLINEなどでつながっておきましょう。親の身に何か起きたらすぐ知らせてもらう、あるいは、親と連絡がとれないときに様子を見に行ってもらう。そういう関係性を作っておくと安心です。

親の友人の子どもともつながっておくと、さらに心強いでしょう。もともと親の友人の子どもと顔見知りだったり、子ども同士も友だちだったりすれば、容易につながることができると思います。そうじゃない場合は、帰省の際に、「あなたのお母さんには、いつもうちの母がお世話になっています」と挨拶して面識を作っておき、連絡先を交換しましょう。家族ぐるみでつながっておけば、子ども同士で情報交換ができますし、帰省のときに双方の親子一緒に食事するなど交流をより深められます。

071

町内のシニアクラブへの参加を促す

交友関係の中でも大切なのが、同じ地域に住む同世代の仲間です。年をとるにつれて遠出が難しくなります。特にもともと人づき合いが苦手で無趣味な人は、高齢になると家にこもりがちに。**できるだけ元気なうちから、地域の仲間を作り、助け合える関係を築いておくと安心ですし、日常生活が充実します。また、同世代だからこそわかり合えることが多々あります**。

腰や膝が痛い、新聞の文字が見えづらい、聞いたことをすぐ忘れてしまう……といった体の不調や老いへの不安、若い人への不満なども、同世代に話せば、「あるある」とお互いに共感でき、ツラいことも笑い飛ばせたりするものです。

地域の仲間づくりにうってつけの場所が、各地域の町内会に付随するシニアクラブ（老人クラブ、敬老会）。活動内容は各クラブによって異なりますが、体操やウォーキングなどの運動や、書道、手芸、音楽、俳句、麻雀などのサークルや教室、

できたら
チェック

地域の清掃活動なども行っています。

高齢者世帯には、シニアクラブのお知らせが届くはずですが、親が興味を持たないと、目も通さずほったらかしにしているかもしれません。帰省の際にチェックし、「お母さん、こういう集まりがあるけど、行ってみる?」と、勧めてあげてください。といっても、本人だけだと、面倒になったり、勇気がなかったりして、重い腰を上げられず、結局行かないことになってしまうので、最初は一緒に行きましょう。そこでシニアクラブの会長や町内会長などに挨拶をし、面識を作っておきます。地域の組織は、いざというとき頼りになる命綱です。

シニアクラブに限らず、地域の生涯学習教室、公民館などで開催される社交ダンスや絵手紙、囲碁などのサークル活動も、自治体の広報紙などで調べて、親が興味を持ちそうなものを、教えてあげるといいでしょう。

新たな出会いや新しいことにチャレンジすることは、脳を活性化させるので老化防止にもなります。

072

親の恋バナを聞いてあげる

年をとれば、伴侶に先立たれてシングルになる人が増えます。男女を問わず、人はいくつになっても異性を求める気持ちがあります。デイサービスなど介護施設でも、利用者が介護スタッフに好意を寄せたり、利用者同士が連絡先を交換して個人的に会ったりすることはあります。元気な高齢者なら、シニアクラブや趣味のサークルなど、出会いの機会が多いでしょう。つまり、70代、80代の親だって恋をすることはあり得るわけです。

親が恋をしているようなら、なにげなく話題にしてみましょう。「お母さん（父さん）は、好きな人、いるの？」と。これも息子からはなかなか言い出しにくいので、娘がベターですね。「うん。茶飲み友だちだけどね」と親が話し始めたら、「もう年なんだから」などと恋愛感情を否定せず、話を聞いてあげてください。相手が誠実な人で、親が幸せなら、応援してあげてもいいと思います。**親の幸せを後押しするのも恩返しです。**

できたら
チェック

『80歳の壁』などの著書で知られる精神科医の和田秀樹さんも、高齢者の恋愛をすすめています。ワクワク、ドキドキする気持ちは脳内ホルモン、ドーパミンの分泌量を増やし、意欲や思考を司《つかさど》る前頭葉を活性化させるので、脳にいい影響をもたらします。

ただ、注意点もあります。相手が必ずしもいい人とは限りません。寂しさや恋心につけ込むロマンス詐欺も横行しているので、投資を持ちかけられたとかお金の話が出たら、まず怪しむべき。相手とどこで出会ったかも、親に確認してください。マッチングアプリやSNSは詐欺の温床です。

相手がどんな人か、子どもの目で確かめるために、一度顔を合わせておくことが大事。会って話せば、人柄や、どういう人生を歩んできた人かが、ある程度はわかると思います。万が一、怪しい相手ならば全力で反対する必要がありますが、そうでなければ、温かい目で見守りましょう。

親子で恋愛について語るのは、特に親世代の男性は慣れていないと思いますが、普段から会話をして、フランクに打ち明けられる親子関係を作っておくことは大切なポイントです。

073

化粧についてアドバイスする

「若い頃は毎朝、鏡台の前で化粧をしていた母が、いつからか、まったくしなくなって。年をとって外出する機会が減って、外見を構わなくなりました」と、ある50代の女性が話していました。高齢になれば、シワやシミが増えるのは仕方がないですが、「化粧してもきれいにならないから」とあきらめてしまうと、さらに老け込むことにつながります。

女性の場合、外見が心理面に与える影響が大きいと言われています。最近では、高齢者施設でも、化粧療法（メイクセラピー）を実施するところが増えています。化粧品メーカーの美容部員が、高齢者にメイクを施したり、スキンケアとメイクの仕方を教えたりするもので、化粧後の高齢者は、みるみる表情が明るくなり、「若返ったみたい」と声を弾ませる人もいます。

きれいになると自信がつき、「外に出かけたい」「人と会いたい」と前向きなエネルギーが生まれます。高齢者が社交性を保ち、交友関係を広げるうえでも、身だし

できたら
チェック

なみを整えることは大切です。

そこで、子が親に、スキンケアやメイクの仕方をアドバイスして美しくしてあげましょう。外見に無頓着になると、口周りにうっすらひげが生えている高齢女性もいます。保湿したあと、顔の産毛を剃って、眉毛を整えてあげましょう。それだけでも垢ぬけた印象になります。

ちなみに、化粧をすると、視覚、嗅覚、触覚などの感覚を刺激し、脳の血流がよくなることも報告されています。そのため、認知機能の低下を防ぐ効果も期待されています。

074

洋服をコーデして、親の目につくところに置く

できたらチェック

年をとり、認知能力が低下してくるにつれ、何事も億劫になり、「めんどくさい」と思うようになります。オシャレに対してもそうです。たんすを開ければ、たくさん服があるのに、同じ服ばかり着ている。そのかっこうがラクだからです。他にも

っといい服があっても、選んでコーディネートすることが「めんどくさい」のです。服のコーディネートというのは、意外に頭を使うものです。特に女性はそうだと思います。トップスとボトムスの色や丈の組み合わせなどバリエーションが多いですから。

「めんどくさい」親に代わって、子がコーディネートするのも、親をきれいにしてあげる恩返し。親のたんすの中から服を見立ててコーディネートし、「明日出かけるとき、これを着てね」と、親の目につくところにかけておく。素敵な服を着れば、気分が上がりますし、出かけるのが楽しくなります。オシャレへの関心が復活するきっかけになるでしょう。

Chapter

10

介護保険制度を活用して恩返し

少し、切ない話をします。

「Eさんの足にアザやキズがあります」

というヘルパーからの連絡に、私は心配していたことが起きてしまったと思いました。Eさん（80代・女性）は二度の脊椎圧迫骨折でほとんど寝たきりでした。日中はホームヘルパー（訪問介護員）を利用していましたが、朝と夜は同居の息子さん（50代・独身）が介護。「自分にできることは何でもしてあげたい」と、食事の支度から就寝前のおむつ交換まで献身的に親の面倒を見ていました。

しかし、認知症が進行したEさんは介護を手こずらせるようになります。精神的に参ってしまった息子さんは、Eさんに言うことを聞かせようとして、おむつ交換や寝かしつけるときに足をたたいたりつねったりするようになった——。

身体的虐待があるとわかったら、ケアマネジャーには役所に通報する義務があります。このケースは悪質とまではいえませんが、エスカレートする可能性がありました。そこで介護計画を見直し、夜のおむつ交換もヘルパーが担うようにして、半年後にEさんが老人ホームに入所することで息子さんはお母さんの介護から解放されました。

「僕、親不孝ですよね」と、息子さんは自分を責めましたが……、みなさんはどう思いますか？　毎日､仕事と親の介護に追われていた息子さんには、心が安まる「自分の時間」がほとんどありませんでした。本来は、とても親孝行な息子だと私は思います。**ただ、親孝行な子ほど介護で〝頑張りすぎ〟て、自分の生活を犠牲にしてしまう傾向があります。すべて背負おうとすると、親孝行したい気持ちが自分を苛《さいな》むこともあるのです**。

親が65歳以上なら介護保険の第1号被保険者となり、要支援・要介護の認定を受ければさまざまな介護サービスを受けることができます。その窓口となるのが地域包括支援センターです。

介護サービスのことをよく知らず、どうにもならないほど追い詰められてから地域包括支援センターに駆け込む人もいます。しかし、**地域包括支援センターは〝最後のとりで〟ではなく、高齢者の保健医療の向上や福祉の増進を目的とした、もっとも身近な〝よろず相談窓口〟と思ってください**。

まだまだ元気であっても、親が70代になったら地域包括支援センターへ行き、親の情報や家族（あなた）の連絡先を伝えておくといいでしょう。登録されれば担当者が決まります。一度は訪問してもらい、親と面談して健康状態や生活環境を事前に確認してもらっておくと、いざ介護サービスを利用しようと思ったときにスムーズに事が運びます。

親が自分の力だけで生活するのが難しくなってきたと感じたら、介護保険制度を積極的に活用してください。介護サービスを受けるまでの流れは、以下のようになっています。

①申請

本人または家族等が各市区町村窓口に申請します。この手続きは地域包括支援センター等に代行してもらうこともできます。

②訪問調査と主治医の意見書

・市区町村の調査員が自宅等を訪問し、心身や生活状況などを調査します。
・市区町村からの依頼で、かかりつけ医が心身の状態について意見書を作成します。

③介護認定審査

・一次審査　訪問調査とかかりつけ医の意見書をもとにコンピュータが判定します。
・二次審査　介護認定審査会が審査判定します。

④認定結果通知

・非該当（自立との判定）　市区町村が行う「介護予防・日常生活支援総合事業」が利用できます。
・要支援認定　要支援1、2「介護予防サービス」が利用できます。
・要介護認定　要介護1〜5「居宅サービス」や「施設サービス」が利用できます。

⑤介護サービス計画（ケアプラン）の作成

ケアマネジャーが利用者とその家族の希望を聞きながら適切なケアプランを作成。介護サービス事業者との利用契約もケアマネジャーが段取りします。

⑥サービス開始

ケアプランに基づいたサービスを利用。利用者の状態や家族の希望に応じて、必要があればケアマネジャーがケアプランを見直します。

＊

ヘルパーの訪問による身体介護や生活援助、デイサービスへの通所やショートステイ施設への短期入所、また福祉用具の利用への補助など、介護保険で使えるサービスは多岐に渡ります。第10章では、早めに知っておいたほうがいい介護サービスの使い方についていくつか紹介しますが、ゆくゆくは地域包括支援センターやケアマネジャーと相談しながら、自分の親が喜ぶサービスを最大限活用できるようにしてあげてください。

そして、大事な注意点を一つ付け加えておきます。親と離れて暮らしている子の中には、介護サービスの利用を始めた日を境に、親と疎遠になってしまう人もいます。介護事業に携わる私たちは利用者の健康と生活を全力でサポートしますが、親に恩返しをする〝主役〟は、最後までみなさん自身であることをどうか忘れないでください。

075

介護保険サービスを利用する際の緊急連絡先になる

できたらチェック

介護保険を使ってサービスを受ける場合、契約者は親本人です。「親のため」と考えたとしても、子（家族）が勝手に契約を結ぶことはできません。ですが、介護サービス事業者との契約時には必ず立ち会い、親と一緒に説明を受けてください。親の記憶力や理解力が低下してきているならなおさらです。

どの介護サービスも、契約書類には「緊急連絡先」を記載しなければなりません。家族を代表して緊急連絡先になることは、子にできる大きな恩返しだと思います。**緊急連絡先（＝第1連絡先）になると、利用する介護サービス事業所の担当者から定期的に報告がきます。もしも親に異変があれば、真っ先に知らせてくれます。これは、親にとっても安心材料になるはずです。**

契約書類の緊急連絡先には2名以上の記載が必要です。遠方に住んでいて、何かあったときにすぐに駆けつけられないという事情があれば、近隣に住む親戚や、助けてくれる知人にお願いして第2連絡先になってもらってください。

076

住宅改修給付で、手すりの設置やフローリング工事を

第2章、5章で述べた浴槽用グリップや入浴用イス、設置型の手すりなどの福祉用具の購入は、介護保険の対象となり、1～3割の負担で利用ができます。

また、ドアノブ（46）の項で住宅改修の保険給付について触れましたが、対象となるのは以下の6つです。

①手すりの取付け　②段差の解消　③滑りの防止及び移動の円滑化等のための床又は通路面の材料の変更　④引き戸等への扉の取替え　⑤洋式便器等への便器の取替え　⑥その他前各号の住宅改修に付帯して必要となる住宅改修

保険の適用範囲（支給限度基準額）は20万円。親が要介護（支援）認定を受けたら、ヘルパーなどの介護サービスを使う予定がなくても、階段への手すりの取り付けや、畳の部屋をフローリングにして段差を解消する工事などを検討しましょう。自費で工事をして後から還付を受けることはできませんので、介護保険の適用工事は必ず事前に申請すること。手続きはケアマネジャーが代行します。

できたらチェック

077

親が通うデイサービスを見学する

小学生のとき、授業参観日に親が来るとうれしくて張り切った覚えはありませんか？　それと同じような気持ちを、親に味わってもらうことができます。親がデイサービスに通い始めたら、ぜひ見学に行ってください。

親の様子を確認したら、「イイ顔しているよ」「楽しそうでよかった」と声をかけ、デイサービスへの通所をあなたも喜んでいることを伝えましょう。親と会話をしている利用者がいたら、自己紹介をしてから「母（父）と仲よくしてあげてくださいね」とお願いするのもおすすめです。**親孝行な子は、親にとって何よりの自慢。「いい娘（息子）さんがいて幸せねぇ」と周りから言われれば、親もデイサービスがますます楽しくなるに違いありません。**

介護施設では、家族も参加できるイベントも催されます。出席してみたら、「母が若々しく見えた」「無口な父が意外におしゃべりでビックリ」などと述べる人もいます。家では普段見せないイキイキした親の表情に出会えるかもしれません。

できたらチェック

078

デイサービスの連絡帳にコメントする

デイサービスの利用では、スタッフとも良好な関係を築くことを心掛けましょう。そのために一役買うのが施設と利用者家族との連絡帳（介護記録表など）です。体温や血圧、食事やおやつ、体操やレクリエーションなどの機能向上プログラム、また歯みがきや入浴など、連絡帳には当日に受けたサービスの詳細が記されます。その内容を確認するだけでは、非常にもったいないと私は思っています。

施設スタッフは、利用者の家庭での情報を必要としています。たとえば「週末に孫が来て一緒に買い物に行きました」という1行が書いてあれば、「お孫さんは何歳？」「お名前は？」「お買い物はどこへ行ったの？」「何か買ってあげました？」と、スタッフはいろいろ話しかけることができます。また、「一昨日から下痢気味です」「キッチンで転びそうになりました」と、体調面の心配を伝えれば、スタッフはしっかりケアしてくれるはずです。

他にもあります。親が帰ってきたら連絡帳を見ながらその日の感想を聞き、「さ

できたら
チェック

ばのみそ煮がおいしかったそうです」「レクリエーションで作ったうちわを家でも使っています」など、親が喜んでいる声を伝えると、スタッフへの労《ねぎら》いになります。

そして、忘れずに伝えてほしいのが子の気持ちです。**「いつもありがとうございます」という感謝の一言が連絡帳に書き添えてあると、施設スタッフは「この家族とはつながっている」と意識してくれます。**施設スタッフとの連帯感をつくることは、介護サービスを利用する親への非常に大きな恩返しになると感じています。

毎回の介護報告に対してコメントしなくても、サービスに支障が出るわけではありませんが、1行でもコメントを残せば、施設スタッフへの心証も違ってきます。

親と離れて暮らしている人も、帰省した折にはデイサービスの連絡帳に目を通し、通信欄に自分の気持ちを手書きの文字で残してみてはいかがでしょうか。

079

ケアマネジャーとも信頼関係を

「親の介護はケアマネジャーに左右される」といわれます。しかし、家族がケアマネジャーを指名して選ぶことはなかなかできません（基本的に地域包括支援センターからの紹介で決定）。どのケアマネジャーも必要な知識を身につけた資格取得者です。が、それ以前に一人の人間です。〝相性〟があることは否定できませんが、ケアマネジャーとも信頼関係を築く意識を持ってください。

ケアマネジャーにとって困るのは、家族が親の介護について無関心なことです。連絡が取れなかったり、「お任せします」と何の希望も示されなかったりすると、私たちも最適なケアプランが作成できません。

また、親の病歴、交友関係、性格、趣味といった情報は、できるだけ細かく伝えてください。家族の情報も重要です。ケアプランを作成する際は、子の仕事や生活状況、あるいは兄弟姉妹の仲なども考慮します。親への恩返しをお手伝いする〝パートナー〟として、ケアマネジャーとは上手につき合ってほしいと思います。

できたらチェック

Chapter

11

親のお金を把握することだって恩返し

繰り返し述べているように、年をとれば認知能力は低下していきます。「親には認知症になってほしくない」という声は多いですが、80代前半で22・4％、80代後半では44・3％。90歳になる前には約半数は認知症になります。脳の老化現象のようなもので、ある程度は避けられないことかもしれません。

認知能力が低下すると、新しいことを覚えられなくなり、覚えていたことも忘れていき、判断力、計算力も衰えます。そのため、経済に明るかった父親も、家計簿をつけてしっかり貯金していた母親も、徐々にお金の管理が難しくなるのです。金融機関のＡＴＭの操作に戸惑う、預金通帳や印鑑の保管場所がわからなくなる、といったことも起きてきます。

親本人がお金の管理ができなくなると、自分の財産が、どこにどれだけあるのかさえ把握できず、いざまとまったお金が必要になったときに引き出せなかったりします。金銭感覚も乏しくなりますから、高額な買い物で財産を減らす危険性もあります。

親が一生懸命働いてコツコツ貯めた老後資金を、子がきちんと把握し、親が親自身のために使えるように手助けする。これも親への恩返しになります。
平均寿命が90歳に届こうとする現在、「**長生きリスク**」という言葉も生まれました。老後の生活資金を準備していても、90歳、100歳と長生きすることによって資金が枯渇して経済的に困窮するリスクが生じる、という意味です。人生最後までお金は必要。親がお金を失わないように見守ってあげることは大切です。

なお、親が認知症と診断されると、原則として、たとえ子どもでも、親に代わって親の口座からお金を引き出すことはできず、手続きや書類が必要になるなど制限が生じます。また、認知症の進行によって、お金への執着心が強くなり、子どもが管理することに抵抗する親もいます。

ですので、**この章で紹介する恩返しは、できるだけ早く、親がしっかりしているうちに取り組んでください**。

080

預貯金口座を一つにする

預貯金口座を四つ五つ持っている人は少なくありません。目的別に使い分けている人もいますから、親自身がきちんと管理できていれば問題ありません。しかし、人にもよりますが、親が75歳をすぎたら、口座の整理をすることをおすすめします。

少なくとも、年金などの収入が入る口座と、光熱費などが引き落とされる口座は一つにまとめましょう。入金用と引き落とし用の口座が異なると、引き落とし口座が残高不足になるケースがよくあります。年をとると、Aの残高が少ないからBから移そう、といった対応が難しくなるからです。

口座を一つにまとめれば、通帳を見れば家計収支がわかります。「わかりやすい」ことが高齢の親にも、サポートする子にとっても大事なのです。家計収支を把握することは、親の資産を守る基本です。

また、定期預金は、満期になったら自動更新せず、普通預金に移しましょう。現在のような低金利では、定期預金にするメリットがあまりありません。今後、親に

できたら
チェック

代わって子がATMで預金をおろす場合などの利便性を考えると、普通預金のメリットのほうが大きいと思いますね。

こうしたお金の話を、どう親に伝えるかが、実は一番頭を悩ませるところです。「お父さん、いろんな銀行に預けているようだけど、一つにまとめたほうがラクだし、安心だよ……ついでに、定期預金も普通預金に移しておく?」というようなアプローチで、無理強いしないことが大事です。親も実は、「口座いくつあったかな?まとめなきゃなぁ。定期預金もあったなぁ……」と頭の片隅で気になっているけれど、きっかけがなく、そのままにしているケースもあります。そのきっかけを作ってあげてください。

081

実印、銀行届出印の置き場所を知っておく

できたらチェック

親の財産の確認やさまざまな手続きに必要なのが、実印と印鑑証明、銀行の届出印です。老人ホームの入居の際や、親の死後の手続きにも印鑑は必要になるので、どこに保管しているか、確認しておきましょう。親は、リスク回避のために、それぞれ別の場所に保管していたり、貸金庫を利用している場合もあります。必ず親に聞いて、目で見て確認してください。

また、金融機関の通帳や証書の保管場所とキャッシュカードの暗証番号も聞いておくことをおすすめします。これも聞き出すタイミングに留意しましょう。前述の口座をまとめる際に一緒に聞くのも一案です。キャッシュカードの暗証番号は、唐突に親に聞くと、「オレのお金を勝手に引き出すつもりか！」などと誤解を生むケースもあります。根底に親子の信頼関係があることが基本です。そして、**暗証番号を共有するのは「もしものときのための備え」なんだと理解してもらうことがポイントです。**

082

生命保険の内容を一緒に見直す

何十年も前に生命保険を契約し、毎月、保険料が引き落とされているけれど、保障内容を忘れてしまい、保険証書も見つからない……高齢者には「あるある」なケースです。一度、親の生命保険をすべて棚卸しして、保障内容を確認し、今の親にとって、その保障が必要かどうか、見直しましょう。もちろん親の意向を尊重して、判断は親に任せます。

一方で、増やす保障としては、介護が必要になったときに給付金が出る介護特約や認知症特約は、長生きリスクの備えとして検討してみてもいいと思います。いざ介護が必要になったとき、特別養護老人ホームは空きがなく、1年2年待つケースも。保険の給付金が入ってお金に余裕ができれば、民間の老人ホームなど選択肢が広がります。

「介護が必要になったとき、私はなかなか来てあげられないから、こういう保険に入るのはどう？」と、子から親に提案するのも、親孝行の一つだと思います。

できたらチェック

083

預貯金以外の資産についても共有

預貯金よりさらに把握しづらいのが、有価証券、ゴルフの会員権、不動産などの財産。これも親がしっかりしているうちに聞いておき、売る時や相続の際に必要な証書などの保管場所を確認してください。

不動産は親が住む家だけでなく、たとえば父親が昔、別荘を購入していて、子はその存在を知らなかったというケースもあります。また、借金やローンなどマイナスの財産がないか？　も聞いておく。遺産相続の際、プラスの財産だけを相続することはできないので、子も把握しておくべきです。親は言いにくいと思いますが、隠しているのも苦しいもの。子どもにすべて打ち明けて共有してもらうことで、少し肩の荷が軽くなるはずです。

加藤茶さんがＣＭで、エンディングノートを書いて、「すっきりした」とつぶやくシーンがあります。親にとって自分の財産を洗い出して、見える化することは、まさに心がすっきりし、安心感を得られると思います。

できたらチェック

084

ボーナスなど臨時収入が入ったら、親に小遣いをあげる

できたらチェック

子どもの頃は、親から毎月お小遣いをもらっていましたよね。お手伝いをすると、臨時で50円もらえて、うれしかったものです。今度は、子どもから親にお小遣いをあげて、ささやかな恩返しをしましょう。**ボーナスや臨時収入が入ったときなどに、「お父さん、お母さん、これで好きなもの買ってね」とポチ袋にお金を入れて渡すのです。きっと親は喜んでくれます。**

私の提案ですが、2024年7月に流通が始まった新紙幣3枚をお小遣いとして渡すのはどうでしょう。新紙幣は世界初の3Dホログラムを採用しています。紙幣を傾けると、肖像画が浮かび上がり、角度を変えると動いているように見えます。

これを親に見せながら説明してあげるのです。加えて、肖像の偉人たち、渋沢栄一、津田梅子、北里柴三郎にまつわる雑学を披露する。「オレの初任給は、聖徳太子の1万円札が入っていたなぁ」と、お札談義に花が咲き、親子の会話が盛り上がるかもしれません。

085

ＰａｙＰａｙなどキャッシュレス決済の方法を教える

スーパーやコンビニのレジで、パッとお釣りの計算ができなかったり、小銭を出すのに時間がかかったりして、まごまごしているお年寄りを見かけることがあります。急かされるようで、本人にとってもストレスでしょう。親がそういう思いをしないように、ＰａｙＰａｙなどキャッシュレス決済の方法を教えるのも、恩返しの一つになります。

最初にスマホにアプリをダウンロードして、銀行口座の紐づけなど設定に手間がかかりますが、それは子がやってあげましょう。そうすれば、あとは、親がお店のレジで、バーコードを見せて読み取ってもらうだけなので、非常にラクで便利。もう小銭と格闘する必要もないですし、支払い時に「ペイペイ」と音声が流れるなど、親世代にとっては新鮮で、使うのが楽しいと思います。

新しいことを覚えると脳も刺激を受けて活性化されます。親がしっかりしているうちに、ぜひ教えてあげてください。

できたら
チェック

086

親に内緒で積み立てをする

できたらチェック

子どもが生まれたときから、この子の将来のためにとコツコツ積み立てをし、子が都会の大学に入学すると、限られた給料の中から捻出して毎月仕送りをしていた親。金銭以上にありがたいのは、根底にある親の愛です。それをしみじみ感じながら、お金で恩を返しましょう。

参考になるかどうかわかりませんが、私の体験談をお話しします。私は実家から車で1時間ほどのところに住んでいます。父が衰えてきた頃から、なるべく実家に顔を出すようにし、世話をしていました。すると、帰り際に「遠いところから来てくれたんだから交通費だ。取っておけ」と父が私に封筒を渡すのです。この頃には父の金銭感覚も鈍っていたのか、2万円も入っていました。もちろん、そんなに車のガソリン代はかかっていません。

最初はありがたく受け取ったのですが、毎回行くたびに封筒を渡され、断っても「取っておけ」と。それで私は考えました。父親の銀行口座に、そのお金を振り込むことにしたのです。自分の名前で振り込むとバレてしまうので、「○○役場」ともっともらしい名義で入金しました。恐らく、父は役場からの還付金か何かと思って、最後まで知らなかったと思います。

私の場合は、親からもらったお金を返していただけですから、偉そうなことは言えませんが、親に内緒でコツコツ積み立てをするのは、昔、自分のために口座を作って貯金してくれた親への恩返し。私のように親の口座に送金してもいいですし、親預金として自分の口座で積み立てをして、ある程度お金が貯まったら、現金を親にプレゼントするという方法も。そのお金は老後の生活資金の一部として、好きなように使ってもらいましょう。

心優しい親ほど、「子どもにもらったお金は使えない」と貯めてしまうことがあります。「お父さん、お母さん、財産は残さなくていいからね。お金は自分たちのために使って」と言ってあげるのも、心からの恩返しです。

Chapter

12

喜ばれる小さなプレゼント

昔ばなしの『鶴の恩返し』では、助けてもらったことへの感謝のしるしに鶴が機《はた》を織り、美しい反物をこしらえます。恩返しの気持ちを〝かたち〟にして渡すのは、日本では昔から大切にされてきた美徳なのかもしれません。

プレゼントをもらえば、誰でもうれしいものです。しかもちょっと気が利いていて、生活にリアルに役に立つものであれば、うれしさは何倍にもなるはずです。


そんなプレゼントを、あなたもぜひ親に贈ってあげてください。

福祉や介護の仕事に携わっていると、訪問した高齢者の家で、子からの素敵なプレゼントを目にすることがあります。「これ、娘が買ってくれたの！」と、親が満面の笑みで見せてくれることもしばしばあります。

みなさんなら、どんな機会に親にプレゼントをしますか？　誕生日や敬老の日など、特別な日を選ぶ人も多いでしょう。もちろん、それもすばらしい恩返しです。けれども、プレゼントを贈るのに特別な日という理由は必ずしもなくてもいい気がします。思い立ったが吉日。むしろ特別ではない日に役に立つものをプレゼントすると、親は「普段から私のことを気にかけてくれている」と思ってくれることでし

ょう。

プレゼントが親の生活シーンの中に溶け込み、便利さや心地よさを日々感じることができれば、それを使うたびに親はあなたの愛情を再確認するに違いありません。

最後の章では、私が高齢者の家で見かけた息子や娘からのプレゼントを中心に紹介しています。ぜひ参考にして、みなさんも親への恩返しの気持ちを一つずつ〝かたち〟にしてみてください。

087

枕・寝具　体にフィットしたものを

「枕が変わると眠れない」という人がいますが、枕は睡眠の〝質〟に影響を及ぼします。親自身は気にしていなくとも、枕がちゃんと合っているかどうか、一度調べてください。

寝具の専門店に行けば、その人に合った高さや硬さをアドバイスしてもらえます。中の素材も綿、ウレタン、羽毛、そばがら、ビーズ、パイプといろいろあります。親の好みに合わせて、快適な枕をプレゼントしてみてはどうでしょうか。

ふとんも寝心地を左右します。**高齢になれば首、肩、腰の関節も弱ってきますので、体に負担のないものを検討してあげてください**。通販などでは格安のふとんが目玉商品になっていることがありますが、「安さ」で選ぶと失敗するかも。必ず使い心地を確かめてから購入しましょう。

寝具は毎日使うものですから見た目も大事。枕カバーやシーツも、親が好きなデザインのものを一緒にプレゼントすると喜ばれます。

できたらチェック

088

新しい外出着

オシャレ心を呼び起こす

高齢者はオシャレへの関心がなくなると、出無精になるケースがよくあります。親の様子を見て、「最近、同じ服ばかり着ているなぁ」と感じたら、お出掛けしたくなるような素敵な洋服をプレゼントしてあげてください。

ここでのポイントは、親と一緒に買いに行くこと。お気に入りを親に自分で選んでもらうためでもありますが、他にも意味があります。店員に声をかけて、試着を立ち会ってもらいましょう。サイズが合っていれば、「とてもお似合いです」「若々しく見えますよ」と、きっと親に声をかけてくれます。

お世辞が入っていたとしても、身内ではない相手からホメられるという日常では味わえない体験に、親はうれしい気分になるはず。脳内にドーパミンやセロトニンが分泌され、〝うれしい記憶〟がオシャレへの関心や外出する意欲を呼び起こします。

買い物には親の友だちにつき合ってもらうのもおすすめ。親しい友だちからも「ステキよ！」と言われれば、うれしい記憶はより強く脳にインプットされます。

できたらチェック

089

歩数計

毎日の目標を設定

外出のモチベーションを高めてくれるアイテムが歩数計です。プレゼントするなら腰や腕につけるタイプが一般的ですが、「61」で触れたスマホのアプリを活用してもいいでしょう。

歩数計には1日の目標値が設定できます。厚労省の『健康づくりのための身体活動・運動ガイド２０２３』では、65歳以上の目標は６０００歩以上、1日に40分以上の歩行（または同等の身体活動）が推奨されています。「今日は何歩かな？」という結果に親が関心を持てば、歩数計は身体機能の維持に大いに役立つはずです。

歩くことを習慣にしてもらうために、親にウォーキングシューズやスニーカーをプレゼントする子はたくさんいます。一緒に買いに行き、歩数計とセットでプレゼントするのも気の利いた恩返しです。**できればハイキングや散歩など、定期的に親と一緒に歩く機会をつくってください。楽しい思い出になるだけでなく、親の足腰の状態を把握することにもつながります。**

できたらチェック

090

マッサージグッズ　ピンポイントのものが続く

できたらチェック

第3章で、帰省したときに親の肩や脚を揉むことを提案しました。その心地よさを帰省時だけでなく、あなたがいない間にも親に感じてもらいましょう。

マッサージグッズは親へのプレゼントとしては定番ともいえます。ただし、あまり立派なものは無駄になる可能性も。30万円もするリクライニング式のマッサージチェアを親にプレゼントした息子さんがいましたが、大きすぎて玄関の隅にしか置き場所がなかったこともあり、一か月ほどで使わなくなってしまいました。

マッサージグッズは手軽に使えるものがおすすめ。肩を振動で揉みほぐしたり、足のツボを刺激したりするコンパクトなものなら、いちいち片付けずに居間に出しっぱなしにしておけます。電動ではなく、ただ握ったり踏んだりするだけのグッズでもマッサージ効果はあります。**選ぶときの目安の一つは、親がテレビを見ながら使えること。「私の手の代わりだと思って使ってね」という言葉を添えてプレゼントしてはどうでしょうか。**

091

歩行補助用キャリーバッグ　イス代わりにもなる

親が自転車に乗っていれば、「いつまで乗れるかな？」と、気になることと思います。乗り降りにまごついたり、ハンドルがふらつき始めたら、そろそろ自転車に乗るのはやめたほうが賢明です。でも、まだ一人で買い物には行ける――そんな状態なら、歩行補助用キャリーバッグが便利です。

4輪式で両手でつかまれますから、杖よりも安定感があります。疲れたらイスとして座れますし、スーパーでは買い物カゴを上に乗せ、カートの代わりとしても使えます。

価格は1万～3万円程度。コンパクトに折りたためるタイプもありますし、ブレーキレバーなどが装備された介護保険適用の機種もあります。福祉用具としてレンタルすれば、月額３００～４００円ほどで利用できます。

できたらチェック

092

マジックハンド リビングの定位置に常備

子どもの頃、マジックハンドで遊んだことはありませんか？　安っぽいおもちゃという印象があるかもしれませんが、大人の実用品として開発された商品は高齢者の日常生活で大いに重宝します。マジックハンドの長さは概《おおむ》ね1メートル未満。若い人なら「よいしょ」と手を伸ばせば届く距離です。が、高齢者の場合、この距離が実は厄介。届きそうだと思って座ったまま無理に手を伸ばした瞬間、「腕の筋を痛める」「バランスを崩して横に倒れる」といったトラブルが頻繁に起きています。

イスに座っていたり、こたつに入っているときに、ちょっと離れたところにあるものを取るためにわざわざ立ち上がるのは面倒くさいもの。そういう生活シーンに潜むリスクからマジックハンドは親を守ってくれます。

立っていて何かを床に落としたときも、マジックハンドがあれば腰や膝を曲げずに拾い上げることができます。親の足腰が弱ってきたら、〝1メートル未満の不便さ〟をマジックハンドで解消してあげてください。

できたら
チェック

093

探し物発見機

鍵、財布につけておく

年を重ねるほど〝物忘れ〟がひどくなるのは仕方がないこと。「あれ？　メガネはどこだ……」などと、大事な物を置き忘れることも増えてきます。

普段からよく持ち歩く物は置き場所を決めておくのが肝心。とはいえ、それでも置き忘れることはあるし、落としてしまうこともあるでしょう。そこでプレゼントして喜ばれるのが探し物発見器（キーファインダー）です。

探し物発見器は、所在を光やアラームで知らせてくれる発信機。キーホルダー型の他、スマホと連動したカード型もあります。**なくしたら困る玄関の鍵、財布、カード類が入ったパスケースなどに付けておけば、いざというときに役に立ちます。**

ＧＰＳ機能がついた物なら、外出中に落とした場合でも追跡できます。親の持ち物に付いた発信機が子のスマホと連動していれば、外出先ではぐれてしまっても、追跡機能で親の居場所を見つけることもできます。

できたら
チェック

094

集音器付き骨伝導イヤホン

補聴器の手前に

「54」で補聴器の解説をしました。耳が遠くなり始めていながら「まだ補聴器はつけたくない」と言っている親や、「買ってあげたいけど価格が高すぎて……」と二の足を踏んでいる子には、集音器付き骨伝導イヤホンの検討をおすすめします。

こめかみ付近にパッドを当てて音を脳に伝える骨伝導イヤホンは、耳の穴を塞ぐ違和感や異物感がありません。音量もボタン一つで調節できるので、普段の会話やテレビの音などは聞こえやすくなるはずです。

オーダーメイドの補聴器ほどの性能は期待できませんが、補聴器の〝入門バージョン〟として試してみるのもいいと思います。

集音器付き骨伝導イヤホンは、音楽プレーヤーやパソコンに接続して音楽や動画の音声を聴くこともできます。鼓膜を塞ぎませんから、「音楽を聴きながら会話も聞き取れるよ」と、好きな音楽を楽しむための便利な機器としてプレゼントすると、親も抵抗感なく使ってくれると思います。

できたらチェック

095

靴下履き補助具

膝を曲げずに履ける

自分の手で足のつま先を触れるか？　親に聞いてみてください。手が届かなかったり、腰や膝に負担がかかるようであれば、靴下を履く動作はツラいはずです。家の中では裸足が一番ですが、外出するときは靴下を履かなければなりません。その動作をラクにしてくれるのが靴下履き補助具です。

船底状の本体に靴下を履かせ、そこに自分の足をすべり込ませてからヒモを引き上げると、本体が抜けて靴下が履けるという優れもの。女性ならストッキングを履く際にも使えます。価格は1000円程度。見たことがない人も多いかと思いますが、**腰をかがめずにラクな姿勢で靴下が履ける、とても便利な自立支援器具です**。

靴下を履く動作がしんどくなると、靴を履いて出掛けるのが億劫になり、家の中に籠もる時間が増えてしまう心配が出てきます。「腰を曲げるのがツラい」といった親の衰えを感じ取ったら、靴下履き補助具をプレゼントしてあげると喜ばれるでしょう。

できたらチェック

096

拡大鏡

読書習慣が続く

文字を〝読む〟ことは、脳を活性化するといわれています。新聞や本など、文字を読む習慣は、できるだけ親に続けてほしいものです。

老眼になると文字を「読みにくい」と感じ始め、それを放っておくと「読めない」という気力の低下につながり、やがては「読まない」という自分の意思に変わることがあります。自分に届いた手紙や書類も、誰かに読んでもらうことが当たり前になると、認知症がどんどん進行する可能性が出てきます。

「12」で老眼鏡について述べましたが、拡大鏡（ルーペ）も併用してはいかがでしょう。ＬＥＤライト付きで手元を明るく照らせる拡大鏡もありますし、手に持たずに卓上に置いて使えるタイプもあります。価格も老眼鏡に比べれば安いので（１０００円前後から豊富にあります）、親への手軽なプレゼントとして最適です。

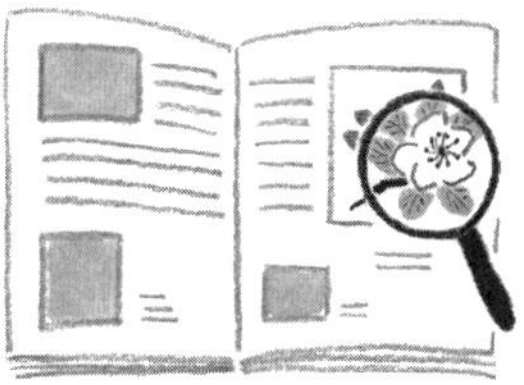

できたらチェック

097

メモ用紙とペン

卓上に常備

「指先を使う人は長生きする」という説は有名ですが、〝書く〟作業も脳の血流を活発にし、認知症の予防効果が期待できます。ちょっとオシャレなメモ用紙とペンを親にプレゼントして、リビングのテーブルの上などに常備してもらいましょう。

高齢になると、言葉で用件を伝えても、しばらくすると忘れてしまうことが頻繁にあります。私は一人暮らしの高齢者を訪問すると、帰り際に次の訪問日などを必ずメモに書いて渡してきますが、それでも忘れてしまう人がいます。一方で、自分でカレンダーや手帳に書き写す高齢者は、次の訪問日を忘れることがほとんどありません。自発的に〝書く〟ことで、大事な用件が「記憶」に留まりやすくなると同時に、「記録」が残ることでもの忘れを防ぐことができているのだと思います。

メモは習慣になるよう親に促してください。書くことが日常的な作業になれば、備忘録や日記に発展することも。それが「楽しい」と感じられれば、「42」で提案した『自分史』も親が前向きに取り組める目標になります。

できたらチェック

098

背もたれ付き低反発クッション 手すりを併用して

できたらチェック

　和室で過ごすことが多い親なら、座布団や座椅子に座っている時間が長いもの。それだと膝や腰にかかる負担が大きいので、背もたれの付いた低反発クッションをプレゼントしてあげると喜ばれると思います。立ち上がるのがしんどくなってきたら、据え置き型の手すりを併用すると負担は軽減できます。

　膝や腰に痛みが出て、イスでの生活に切り替える高齢者は少なくありません。ただ、**畳の和室にイスを置くと不安定になり、座ったままイスごと転倒するケースもあります**。和室用にローチェストも市販されていますが、膝よりも低い位置に座面があるため、立ち上がるのはラクではありません。

　一番の解決策は床をフローリングに変えることですが、それが無理ならイスを置く場所を畳1枚分だけでも板張りにできないか検討してみてください。家の中での親の〝定位置〟が安全であるように配慮してあげるのは、快適な環境のプレゼントといってもいい、子から親への恩返しです。

099

コーナークッション

家具の角でのけがを予防

「ちょっとぶつけちゃったの」と言って、訪問先の高齢者から腕や脚にできた青アザを見せられることがあります。**よろけたり、ふらついたりは、転倒の一歩手前のヒヤリハット**。親の生活動線上にあるタンスやテーブルなどの角には、ぶつけても痛くないようコーナークッションを貼ってあげると安心です。

コーナークッションはL字型に成形してある物や、好きな長さで切ることができる物など、ホームセンターへ行けばさまざまな種類が売られています。幼い子どもがいる家庭なら、すでに自宅で使っているかもしれませんね。

コーナークッションには透明や木目調の目立たないタイプもありますが、ぶつけないよう親に注意喚起を促す意味では、黄色や赤といった目立つ色のほうがいいと私は思います。そのほうが、「ここにぶつけないでね」というあなたのさりげない心遣いが親の目にもよく見えることになります。

できたらチェック

100

車乗降用踏み台

膝や腰の負担を軽減

できたらチェック

高齢になると車の乗り降りも大変になります。上半身をかがめながら階段を上り降りするようなもので、膝や腰に大きな負担がかかるからです。

最近はステップが低く、シートの向きが路上側に90度回転するユニバーサルデザインの乗用車も出てきました。でも、まだまだ高齢者の多くが車の乗り降りに不便を感じているのが現実です。

親を車に乗せて移動する機会が多い人は、路上に置く乗降用の踏み台を用意してあげてください。**地面とステップの間に足の踏み場が一段できるだけで、車の乗り降りは格段にラクになります**。タクシーを利用する場合でも、玄関先に踏み台を準備しておけば、乗り降りの際に親がツラい思いをしなくても済みます。

踏み台とともに、つかまるものがあればより安全です。でも、買う必要はありません。本書を最後まで読んでくださったみなさんなら、おわかりですよね？　大切な親をあなたの腕につかまらせて、やさしくエスコートしてあげてください。

おわりに

紹介した１００の恩返し、みなさんにできそうなことはいくつあったでしょうか。

全部はできなくていいと私は考えています。自分自身の家族と生活をしっかり守った上で、なおかつ自分にできる範囲で、感謝の気持ちを自分の身の丈に合った〝かたち〟にして表現する――それが本書で述べた親への恩返しの基本です。

１００の恩返しが全部できたとしたら、１００点ですね！　けれども、親への恩返しは１００点満点ではありません。言い換えれば、紹介した１００項目が恩返しのすべてではないということです。

この本は、後期高齢者となる75歳前後の親世代と、働き盛りの40代から50代の子の世代を念頭に書きました。いまの70代はまだまだ元気な人ばかりです。自立生活を維持できている人もたくさんいます。しかし、これから年を重ねていけば、健康状態や心身の機能が衰えることは避けられません。自分の力ではできないことが増えるにつれて、誰かの助けが必要になります。そうなれば子がやるべきことも、もっともっと増えてきます。

高齢の親を持つ子の負担を軽減するためにつくられた制度が介護保険です。〝介護〟という言葉は、「責任や負担が増す」「ツライ」「面倒くさい」といった重苦しいイメージを持たれがちですが、そんなときこそ〝恩返し〟と言い換えてみてください。そして、弱くなった親のために介護サービスを上手に活用することで、子の世代は120点、150点の恩返しができると私は思っています。

最後に——。「人生100年」といわれる時代、みなさんの親への恩返しが長く続くことを願って、守ってほしい二つの約束事を記しておきます。

第一に、恩返しを「お金」や「時間」に換算しないこと。

「こんなに高価なものを買ってあげた」「自分の時間をこれだけ犠牲にした」といった計算が働くと、恩返しに込める気持ちが二の次になってしまいます。

よかれと思ってしていても、それを親が望んでいない場合もあります。親子でも価値観や考え方には違いもあります。恩返しを自己評価するときの規準は、子の満足度ではなく、親の充足度です。

第二に、恩返しを「親孝行の押しつけ」にしないこと。

わが子からの恩返しによって、生活の快適さを味わい、人生の豊かさをかみしめれば、親も感謝の念を抱くはずです。そして、「いつまでも元気でがんばろう」という意欲や気力を呼び起こすことでしょう。それは、恩返しに対する最大級の報酬です。

「うれしい」「ラクになった」「ありがとう」という親の言葉を聞いたら、「喜んでくれてありがとう」と、あなたも感謝の言葉を返してください。親と子の〝あり方〟は、親子の数だけあると本書の冒頭で述べましたが、喜びや幸せを共有できる関係こそ、あなたと、あなたの親との〝理想的なあり方〟であるに違いありません。

私の両親はすでに他界しましたが、親が生きている間に、子としてどれだけ恩返しができたか、とよく振り返ります。

1985年に「生きてるうちが花なのよ死んだらそれまでよ党宣言」という映画

が上映されました。このタイトルに象徴されるように、親が生きているうちに子としてどれだけ親に恩返しができたか、花を咲かせられたか、ということ。死んだら、残された子は記憶や夢の中でしか親と会えないのです。

本書を読んで、一〇〇の恩返しのうち、読者のみなさんがひとつでも多く、親に恩返しをすることができたら幸いです。

本書を刊行するにあたり、主婦と生活社の栃丸秀俊さんはじめ、村瀬素子さん、伴田薫さんほか、制作スタッフのみなさまに大変お世話になりました。心より感謝申し上げます。

2024年　12月

田中克典

田中克典
（たなか　かつのり）

1962年、埼玉県生まれ。日本福祉教育専門学校卒業後、福祉系の出版社を経て、東京都清瀬療護園（重度身体障害者入所施設）、清瀬市障害者福祉センター（デイサービス、ショートステイ）などで介護経験を積む。1984年にはインド・コルカタの故マザー・テレサ女史の運営する施設で介護経験し、テレサ氏とも懇談する。2000年、介護保険制度の発足と同時にケアマネジャーの実務に就き、これまでに約500人の高齢者を担当した。現在は株式会社スタートラインで現役ケアマネジャーを務めている。主な資格は主任介護支援専門員、産業ケアマネ３級。
著書に『介護保険のかしこい使い方』（雲母書房）、『親の介護の不安や疑問が解消する本』（日本実業出版社）、『親の介護手続きと対処まるわかりQ&A』（玄光社）、『「親の介護」は猫にたとえちゃえばいい。』（日本実業出版社）がある。

STAFF
編集協力／村瀬素子　伴田 薫
イラスト／カトウミナエ
デザイン／中川 純（ohmae-d）
校正／高木正裕
編集担当／栃丸秀俊（主婦と生活社）

親への小さな恩返し100リスト

著　者　田中克典
編集人　栃丸秀俊
発行人　倉次辰男
発行所　株式会社主婦と生活社
〒104-8357 東京都中央区京橋３-５-７
TEL　03-5579-9611（編集部）
TEL　03-3563-5121（販売部）
TEL　03-3563-5125（生産部）
https://www.shufu.co.jp
製版所　東京カラーフォト・プロセス株式会社
印刷所　大日本印刷株式会社
製本所　株式会社若林製本工場
ISBN 978-4-391-16410-7